SINO-US TRADE FRICTIONS AND CORPORATE INVESTMENT

BASED ON ECONOMIC UNCERTAINTY

基于经济不确定性的
中美贸易摩擦与企业投资

李岩琼 ◎ 著

中国财经出版传媒集团

经济科学出版社
Economic Science Press

·北京·

图书在版编目（CIP）数据

基于经济不确定性的中美贸易摩擦与企业投资／李
岩琼著．-- 北京 ： 经济科学出版社，2024.9. -- ISBN
978 - 7 - 5218 - 6338 - 3

Ⅰ. F752.771.2；F279.23

中国国家版本馆 CIP 数据核字第 2024F3D168 号

责任编辑：纪小小
责任校对：王京宁
责任印制：范　艳

基于经济不确定性的中美贸易摩擦与企业投资

李岩琼　著

经济科学出版社出版、发行　新华书店经销
社址：北京市海淀区阜成路甲 28 号　邮编：100142
总编部电话：010 - 88191217　发行部电话：010 - 88191522
网址：www.esp.com.cn
电子邮箱：esp@esp.com.cn
天猫网店：经济科学出版社旗舰店
网址：http://jjkxcbs.tmall.com
北京季蜂印刷有限公司印装
710 × 1000　16 开　12.25 印张　200000 字
2024 年 9 月第 1 版　2024 年 9 月第 1 次印刷
ISBN 978 - 7 - 5218 - 6338 - 3　定价：49.00 元
（图书出现印装问题，本社负责调换。电话：010 - 88191545）
（版权所有　侵权必究　打击盗版　举报热线：010 - 88191661
QQ：2242791300　营销中心电话：010 - 88191537
电子邮箱：dbts@esp.com.cn）

前　言

随着我国对外贸易规模的不断扩大，出口产品结构也发生了质的变化，逐渐由劳动密集型产品向技术密集型产品转变，我国在全球价值链中的角色越来越重要，国际分工地位亦得到大幅提升。与此同时，也导致我国与发达国家的全球价值链发生利益重叠，令美国等西方国家对其领先地位感到威胁，随之而来的是对我国频繁发起的贸易制裁。美国作为我国的第一大贸易往来国家，同时也成为与我国发生贸易摩擦最多、最激烈的国家，多次利用其国内法律条款单边对我国出口产品发起反倾销、反补贴、保障措施等贸易救济诉讼，不断对我国出口产品加征关税，致使两国贸易关系紧张，这不仅使我国出口企业的生产经营面临着贸易政策环境不确定性较高的严峻挑战，也对全世界贸易格局构建和演变产生着巨大影响。企业应如何应对贸易摩擦，这不仅是一项紧急且迫切的任务，也是一国贸易开放过程中无法回避的重要问题。本书正是在此背景下，探讨中美贸易摩擦对我国微观企业带来的经济后果。

已有对于贸易摩擦经济后果的研究多集中于从国家或行业等宏观层面讨论对贸易转移（Bown and Crowley，2014）、国内生产总值（GDP）（崔连标等，2018）、就业水平（Autor et al.，2013；Pierce and Schott，2016）、社会福利（吕越等，2019）以及产业结构（鲍晓华，2007；冯宗宪和向洪金，2010）等的影响，极少数文献从企业微观层面讨论贸易摩擦的影响。投资决策作为企业最重要的财务决策之一，是企业扩大再生产的重要组成部分，会影响资源配置效率及企业未来收益。中美贸易摩擦导致企业面临的外部贸易环境不确定性增加，而在企业行为中，投资受不确定性的影响尤为明显（饶品贵等，2017；Baker et al.，2016）。因此，本书基于企业投资视角，从微观企业层面探讨中美贸易摩擦所产生的经济后果及企业的应对策略。

本书利用 2006~2016 年海关出口数据，手工搜集上市公司及其关联公司企业名称，与海关出口数据中出口企业名称进行匹配，从而得到上市公司出口数据。同时手工整理贸易救济信息网中有关美国对中国提起的贸易救济诉讼案件信息并追踪案件发展状态，获得中美贸易摩擦数据。本书选择 2006 年作为样本开始时间是因为相关数据从 2006 年起逐渐开始完善，选择 2016 年为截止时间是因为海关数据库中公司层面的统计数据截至 2016 年，2017 年之后不再披露公司层面数据。公司层面数据可以从出口金额、数量、具体出口产品等多个维度进行衡量与检验，可以针对性地探讨对企业的具体影响。因此，本书的数据具有一定的独特性。利用上市公司出口数据及中美贸易摩擦数据，探讨了中美贸易摩擦对企业投资的影响。本书主要研究有以下发现。

第一，利用微观企业层面数据检验了中美贸易摩擦对出口的直接影响。以往文献对贸易摩擦经济后果的研究都是基于贸易摩擦导致企业出口困难这一前提，因此本书首先对中美贸易摩擦对出口布局的影响进行了检验。研究发现：（1）中美贸易摩擦使上市公司出口美国份额显著减少，说明中美贸易摩擦对我国企业出口美国贸易产生了直接的抑制效应；（2）将剩余出口国家和地区分为欧洲发达国家、亚洲发达国家和地区、非洲国家与其他国家四组分别进行检验后发现，中美贸易摩擦导致我国企业出口欧洲发达国家份额显著增加，其余国家和地区的出口份额没有发生显著变化，说明中美贸易摩擦使我国出口贸易产生了转移效应，欧洲发达国家市场是美国市场出口受阻后的主要替代目标；（3）中美贸易摩擦同时显著降低了我国出口美国企业的出口总份额，说明对总出口贸易也产生了抑制效应，贸易转移无法完全覆盖贸易摩擦导致的出口份额减少，还会导致出口产品向国内市场回流，对国内外产品市场均带来了一定影响。以上结论为以往"贸易转移效应"和"贸易抑制效应"的矛盾结论提供了微观层面的经验证据。

第二，基于固定资产投资视角检验了中美贸易摩擦对上市公司造成的经济后果。本书采用资本支出衡量企业固定资产投资，研究发现：（1）当企业受到中美贸易摩擦影响时，出口美国的企业显著减少了其固定资产投资。（2）进一步从融资约束与实物期权两个角度进行机制分析，发现中美贸易摩擦对企业投资水平的抑制效应主要在融资约束较强、资产可逆性越低、行业竞争程度越低以及风险承担水平较低的企业中更加显著。（3）中美贸易摩擦减小了企业整体投资规模，但却提高了企业整体投资效率。将非效率投资分为投资不足和过度投资分别检验时，发现显著降低了过度投资，对投资不足的影响并不显著，说明对企业整体投资效率的提高主要是通过减少过度投资实现的。（4）该效应只在短期内存在，3年后固定资产投资会逐渐发生反转。该结果说明，伴随着美国对我国企业的制裁力度的加大以及我国贸易环境的改变带来的经济不确定性的增加，企业管理层更难判断未来的增长前景，投资会更为谨慎，表现为缩减其投资规模；但从整体来看，该期间企业总体投资效率反而增加，主要是通过削减了企业的过度投资实现的，说明调整固定资产投资可以在中美贸易摩擦期间给企业带来积极效应。

第三，基于创新投资视角检验了中美贸易摩擦对上市公司产生的经济后果。考虑到创新投资与固定资产投资均是企业投资中非常重要的组成部分，但创新投资与固定资产投资有着不同的特点，因此从企业创新角度可能会有不同的影响。研究发现：（1）与固定资产投资不同，当企业受到中美贸易摩擦影响时，出口美国的企业创新投入和创新产出均显著增加，说明中美贸易摩擦对企业创新产生了"倒逼"效应。（2）在企业受到贸易摩擦打击越大、"自救"意识越强烈，如当企业出口美国份额越高、倾销幅度越大、出口广度越小时，该"倒逼"效应更显著；以及在企业异质性特征不同时，如当企业融资约束程度较弱、属于高科技企业以及收到政府补贴越多时，该效应更加显著。（3）本书进一步分析发现中美贸易摩擦不仅提高了企业创新数量，而且提高了企业创新质量。（4）与固定资产投资不同，该效应是一种长期影响，在未来3年持续存在。以上结果说明面对中美贸易摩擦，上市公司以提高研发投入、加大创新产出予以坚决应对，企业在逆境中求生存。

本书可能有以下创新点：第一，丰富了贸易摩擦经济后果相关研究。已有贸易摩擦经济后果研究多分析其对宏观经济发展的影响（David et al.，2013；黄鹏等，2018；吕越等，2019），公司层面关注的也主要是贸易摩擦对发起国公司生产经营及财务行为的影响（Liu and Ma，2016；Crowley et al.，2018），还未有研究关注对企业投资的影响。第二，贸易摩擦究竟会如何影响我国企业出口布局的改变也还未形成统一的结论，已有文献中多从国家或行业层面数据以不同国家作为研究对象，而不同国家的发达程度、市场体制均不同，并不能一概而论。本书纳入全球国际贸易格局，从微观企业层面考察贸易摩擦对我国上市企业出口贸易转移效应和贸易抑制效应的影响，为已有的矛盾结论提供企业层面的经验证据。第三，本书拓展了宏观经济不确定性与微观企业投资的相关研究。目前在讨论不确定性背景下影响企业投资的文献中，已有文献大多将外部经济不确定性视为一个整体进行研究，强调整体环境的波动，较为细致的分类也基本上集中于经济政策不确定性和政治不确定性两方面，且对于不确定性会促进企业投资还是抑制企业投资并未得到一致结论，鲜有文献从贸易环境的改变所带来的不确定性这一视角出发。而中美贸易摩擦作为一种贸易环境改变的典型外生冲击事件，可以准确剥离出贸易环境不确定性并对此进行研究。

　　本书基于我国上市公司为研究对象，探讨了中美贸易摩擦这一外生冲击造成的贸易不确定性如何影响企业投资，具有重要的理论意义和现实意义。研究发现通过贸易转移、调整固定资产投资与创新投资等方式均可以成为企业应对贸易摩擦的有效策略。本书不仅从企业投资角度为如何应对贸易摩擦和提高自身整体竞争力提供了相关建议，也为政府制定相关对外贸易政策提供了实证证据，对我国国际贸易发展、优化国际贸易结构、增强贸易实力以及处理与贸易伙伴的贸易关系都可能具有一定的借鉴意义。

目　　录

第一章　引　　言

第一节　研究背景与研究意义

一、研究背景

自 2001 年加入世界贸易组织（WTO）以来，我国对外贸易迅速发展，进出口贸易额从 2001 年的 0.51 万亿元增长至 2023 年的 41.7568 亿元。其中，中美双边贸易额从 2001 年的 804.8 亿美元增长至 2019 年的 6 644.5082 亿美元，增长了 8.26 倍，在出口总额中，美国已经自 1997 年以来连续 28 年是我国第一大出口国家，可见美国是目前中国最大的贸易合作国家。① 近些年来，我国企业不仅出口规模迅猛增长，出口产品结构也发生了质的变化，正在逐步摆脱以加工贸易为主的出口模式，以计算机、电子设备为代表的技术密集型产品附加值持续提高，产品逐渐由劳动密集型产品向技术密集型产品转变，并在相关产业领域形成比较优势。同时，我国在全球价值链中的角色越来越重要，制造业正逐步向全球价值链中上游靠拢，对欧美高端产业链产生了持续竞争和替代效应（郑丹青和于津平，2016）。

随着我国出口产品出口规模迅猛增长且技术含量不断提高，国际分工地位亦得到大幅提升（苏丹妮，2020；刘志彪，2017），但同时，也导致

① 资料源于国家统计局国家数据，https：//data. stats. gov. cn/easyquery. htm？cn = C01&zb = A0602&sj = 2019。

我国与发达国家的全球价值链发生利益重叠，令美国等西方国家对其技术领先地位感到威胁，随之而来的是对我国频繁发起的贸易制裁（Gomory and Baumol，2000；余振等，2018）。作为我国最大的贸易合作伙伴，美国同时也成了与我国发生贸易摩擦最频繁、最激烈的国家，多次对我国出口产品提起贸易救济案件诉讼和加征关税，以"维护国家安全"之名对中国航空航天设备、新能源装备、医疗器械、高铁装备、机械机床等产品实施"301"调查，但其根本目的在于阻止《中国制造2025》中的高科技制造业发展（Zhang，2020；Tu et al.，2020）、遏制中国崛起（丁涛和胡汉辉，2019）、维持世界市场中的国际经济旧秩序（杨圣明和王茜，2018）。除此之外，美国还多次利用其国内法律条款单边对我国出口产品发起反倾销、反补贴、保障措施等贸易救济诉讼，2006～2023年美国针对中国的贸易救济案件达247起[①]，对我国出口产品征收高额反倾销税和反补贴税，涉案金额也逐年增高，涉及化学品、电气设备、光伏设备、车船运输设备等多种中高端产品。美国作为我国重要的出口市场，不断升级的贸易摩擦使企业出口美国难度增大、出口成本剧增，企业经营面临的不确定性增加，对我国相关企业出口业务形成巨大负面冲击。

贸易摩擦不仅导致中国出口企业外部出口市场及内部产品市场受到影响，而且会对世界经济增长速度和全球贸易格局发生改变。美国和中国作为目前世界前两大经济体，两国GDP合计几乎达到世界总GDP的近40%，对世界经济增长具有很高的贡献率。由此可以看出，两国对世界经济有着重要的直接影响，如果两国特别是中国经济增长受到中美贸易摩擦的影响，势必会影响整体经济的发展。从国际背景来看，全球各国大力发展全球化策略，生产要素在各国之间发生流动，因此各国经济紧密联系在一起，贸易摩擦带来的不确定性会打破国际贸易秩序和格局的平衡状态，甚至危及全球经济增长。综上所述，中美贸易摩擦无论对世界还是对中国都会产生重要影响，其未来的发展趋势决定了世界经济的走向和中国实现新旧动能转换的时间，但是，如果我国企业能够将压力转换为动力，中美贸

---

① 资料源于中国贸易救济信息网，http：//cacs. mofcom. gov. cn/cacscms/view/statistics/ckajtj。

易摩擦也有可能加速中国制造业的产业转型。因此,党和国家也高度重视贸易高质量发展过程中的风险问题,2019 年 11 月 19 日在《中共中央 国务院关于推进贸易高质量发展的指导意见》中明确要求,"健全产业损害预警机制。妥善应对贸易摩擦。提升运用贸易救济规则能力和水平。研究建立贸易调整援助制度。加强风险监测分析预警,引导防范风险",可见政府也旨在通过一系列措施帮助受到贸易摩擦影响的企业平稳应对贸易冲击。本书正是在这样的背景下,探讨中美贸易摩擦对企业带来的经济后果以及我国企业如何合理应对,这不仅是一项紧急且迫切的任务,也是一国贸易开放过程中无法回避的重要问题。

已有研究对于贸易摩擦经济后果的研究多集中于从宏观层面讨论对贸易转移(Bown and Crowley,2010)、GDP(崔连标等,2018)、就业水平(Autor et al.,2013;Pierce and Schott,2016)、社会福利(吕越等,2019)、金融市场(方意等,2019)以及产业结构(鲍晓华,2007;冯宗宪和向洪金,2010)等方面的影响。贸易摩擦引发宏观经济环境不确定性,在对我国宏观经济发展造成严重影响的同时,对于微观企业的生产经营也造成了巨大负面冲击。目前有少量文献在微观层面主要关注的是贸易摩擦对公司业绩及财务行为的影响,如生产率、经营业绩、融资状况等(Liu and Ma,2016;蒋为和孙浦阳,2016)。据瑞银集团第七期中国企业家问卷调查显示,在 2020 年受中美贸易摩擦负面影响的受访企业中有 43% 的企业推迟或降低了资本开支。[①] 另外,多家企业提出面对中美贸易摩擦,一要"变市场",即开展全球化布局开拓美国以外的新市场;二要"变技术",即加快企业技术升级,摆脱对发达市场的技术依赖,大力开展创新,提高产品竞争力。由此可见,贸易摩擦对于企业的投资决策也产生了重要影响,但目前国内外还鲜有文献从微观企业层面对企业会如何调整其投资策略应对中美贸易摩擦进行实证探究。

投资决策是企业面临的最重要的财务决策之一,是企业扩大再生产的重要组成部分,会影响资源配置效率及企业未来收益。中美贸易摩擦导致

---

① 《汪涛:企业家如何看待疫情影响、资本开支和供应链转移?》,中国首席经济学家论坛,https://baijiahao.baidu.com/s? id = 1682149464928001730&wfr = spider&for = pc,2020 年 11 月 1 日。

企业面临的外部环境不确定性增加，而在企业行为中，投资受经济不确定性的影响尤为明显（饶品贵等，2017；Baker et al.，2016）。也有大量学者关注了企业在不确定环境下的投资决策，但主要集中于经济政策不确定性与政治不确定性（Campello et al.，2010；Julio and Yook，2012；曹春方，2013），未单独讨论贸易环境不确定性对企业带来的影响。本书通过剖析具体投资类型，主要从固定资产投资和创新投资两方面，考察中美贸易摩擦对企业投资的影响。面对中美贸易摩擦造成的贸易环境的改变，企业投资不确定性也大幅上升，尤其对于以固定资产为主的有形资产投资，具有资金投入大、不可逆程度高的特点，而以创新投资为主的无形资产投资又具有资金需求大、研发周期长、结果不确定性高的特点，贸易环境不确定性既可能导致企业缩减投资，也可能导致企业在这种特殊时期内进行"抢占性投资"以获取更多机会。因此，中美贸易摩擦究竟会如何影响企业的固定资产投资与创新投资，以及对于这两种投资类型的影响是否相同是一个值得研究的问题。基于此，本书以中美贸易摩擦这一外生冲击作为研究情境，首先利用微观企业层面数据对中美贸易摩擦对企业出口贸易的直接影响进行检验，并以此作为基础进一步讨论对企业投资的影响，具体来讲，本书试图对以下三部分问题进行研究：

（1）此起彼伏的中美贸易摩擦不断蚕食我国企业出口美国的海外利润，在贸易摩擦造成的影响中，最直接且最为重要的就是反倾销等制裁手段造成的对出口贸易的影响。因此本书首先检验中美贸易摩擦对我国贸易格局带来的直接效应：中美贸易摩擦是否导致上市公司的"贸易抑制效应"和"贸易转移效应"，即是否减少了对美国的出口份额以及是否发生了向其他国家进行贸易转移？若发生贸易转移效应，出口对象主要转向哪些国家和地区？还是转移至国内市场？抑或两者兼而有之？

（2）面对中美贸易摩擦造成的贸易环境的不确定性，企业投资不确定性也大幅增加，对于厂房、设备等回收周期长且资金投入多的固定资产投资，企业本身也承担较大的投资风险。因此，本书从固定资产投资角度出发，讨论在经历中美贸易摩擦时，出口美国企业是否会调整其固定资产投资：相比于没有受到贸易摩擦影响的企业，出口美国的企业在中美贸易摩擦中会选择缩减投资规模还是在国家政策的扶持下转型升级或者转移出口国别？投资支出水平会不会产生太大影响呢？该投资策略的改变是否在长期内存在？能为企业带来积极影响吗？进一步，在融资约束水平、风险承担水平以及投资可逆性不同的企业中，贸易摩擦对企业投资支出水平的影响是否会有差异？

（3）在遭受贸易制裁后，中国企业出口难度增加、经营风险增大、产品市场竞争增加（Lu et al.，2013），使中国内部产品市场以及外部出口市场均面临着更加严峻的挑战。外部宏观冲击对企业的调整策略，一种是进行贸易转移，退出该国的出口市场；另一种是进行技术革新，通过生产其他差异化产品来躲避贸易壁垒（Li et al.，2010）。因此，本书从创新投资角度出发，进一步讨论在中美贸易摩擦背景下，面对贸易相关的经济不确定性增加以及国内外产品市场竞争程度的改变，中国企业会如何调整创新策略以应对贸易冲击？中美贸易摩擦是否能够"倒逼"企业进行更多的创新？作用机制又是什么？该影响是短暂效应还是长期影响？还鲜有文献对此进行深入研究。

二、研究意义

（一）理论意义

第一，以往对于贸易摩擦问题的研究多集中于国际贸易学、世界经济学的学科领域之内，更多的是从宏观经济层面运用经济学、贸易学理论，借助定性分析的方法分析贸易摩擦问题，但是从财务会计视角出发讨论该问题的研究却屈指可数。本书在已有国际贸易理论、国际关系理论的基础上，将国际贸易学理论与企业投资理论联系在一起，运用大数据实证研究方法探讨了贸易摩擦在微观企业层面带来的经济后果，因此，本书对于从微观企业层面丰富相关国际贸易理论具有一定的理论意义。

第二，本书丰富了在不确定性下的企业投资理论，目前已有研究关于不确定性对投资的影响大多支持从实物期权理论的角度进行解释，但也有学者提出相反结论，导致同一个研究问题出现相互矛盾的研究结论。通过对不同类型投资活动权衡不同成本收益，从固定资产投资和创新投资两种投资类型分别探讨贸易环境不确定性对投资活动的不同影响，为以往矛盾结论提供了新的讨论视角。

第三，本书拓展了宏观经济环境不确定性与微观企业投资关系的相关研究。目前在讨论经济不确定性如何影响企业投资活动的文献中，学者们多将外部经济不确定性笼统地视为一个整体，强调整体外部环境的改变，且对于不确定性是促进企业投资还是抑制企业投资未得到一致结论。基于此，本书采用中美贸易摩擦这一外生冲击事件直接对贸易环境不确定性进行剥离，讨论贸易政策相关的经济不确定性越高时如何影响上市公司投资决策。

(二) 现实意义

第一，已有部分相关文献研究了经济不确定性对企业投资的影响（Julio and Yook，2012；Gulen and Ion，2016），但已有文献的研究对象以发达国家为主，发达经济体的市场体制和市场经济发展程度与我国存在很大差别，市场力量可以在发达经济体中起主导作用，但作为发展中国家，我国还处于从计划经济体制向社会主义市场经济体制转变的过程中，在这个过程中，政府的"有形之手"会频繁干预市场经济的发展，我国企业受到经济政策干预影响较大。本书基于我国特有国情，探究中美贸易摩擦这一外生冲击造成的不确定性如何影响企业投资，为政府制定相关对外贸易政策和应对贸易摩擦政策提供了实证证据和参考依据。

第二，本书从如何调整企业投资策略的角度为我国企业应对中美贸易摩擦提供了学术指导。对于实体企业而言，贸易摩擦造成出口业务受阻，不断蚕食海外销售收入，使企业的经营发展遭受了巨大挑战，如何能够平稳度过该困境是企业迫在眉睫的需求。本书通过贸易转移、调整固定资产投资与创新投资等角度为企业提供了思路，对企业应对该负面冲击以及提高自身整体竞争力均具有重要意义。

第三，中共中央、国务院在 2019 年《中共中央　国务院关于推进贸易高质量发展的指导意见》中指出为"加快培育贸易竞争新优势，推进贸易高质量发展，我国企业应强化科技创新，优化商品结构，大力发展高质量、高技术、高附加值产品贸易"，本书从企业投资角度为如何优化我国国际贸易结构、增强贸易实力提供相关建议，对中国国家贸易的进一步发展，处理与贸易伙伴之间关系的变化都具有积极意义。

第二节　研究方法与研究贡献

一、研究方法

本书以规范和实证研究相结合的方法对相关研究问题予以探讨。首先，基于基础理论和文献阅读，形成本书有关中美贸易摩擦的现实背景和理论背景。在此基础上，提出本书研究问题，即中美贸易摩擦是否会导致我国出口企业出口贸易布局发生变化，以及是否会影响企业的投资决策。围绕这些核心问题，进一步通过已有文献和理论分析将研究问题细化。首先探讨中美贸易摩擦是否会导致我国出口美国企业的出口贸易向海外其他市场或国内市场转移，进一步形成固定资产投资和创新投资两个方面的研究：一是从固定资产投资角度出发，探讨中美贸易摩擦对固定资产投资水平的影响；二是从创新投资角度出发，探讨贸易摩擦对企业创新的影响。综上所述，本研究主要采取以下四种研究方法。

第一，档案和文献研究法。本书通过搜集与国际贸易、贸易摩擦、环境不确定性、企业投资等相关的国内外现有文献，对此进行系统阅读、梳理及总结，分析各种定性及定量研究所取得的成果，并根据会计、财务、国际贸易等相关理论进行理论分析并提出研究假设，借鉴已有实证研究方法为本书实证分析提供借鉴。

第二，实证研究法。本书从国泰安数据库、万得数据库、海关数据库获取相关数据，通过年报、贸易救济信息网、WTO网站手工整理上市公司及其关联企业名称信息、贸易摩擦数据与关税数据，进行数据初步整理，参照已有文献计算相关贸易摩擦指标及企业投资指标,对主要变量进行描述性统计分析和单变量检验分析,进一步通过建立多元回归模型进行回归分析验证本书假设,并采用了多时点双重差分(DID)、倾向匹配得分(PSM)、Heckman 两阶段等实证方法对假设进行稳健性检验,从而得到本书研究结论。

第三,比较分析法。本书对中美出口贸易数据以及贸易摩擦数据进行了翔实的描述性统计,通过对不同时间进行纵向比较,以及对不同国家、不同行业之间进行横向比较,有助于对出口美国现状和中美贸易摩擦现状开展细致的了解。

第四,文本分析法。为检验贸易摩擦是否真正提高了企业创新质量,本书利用文本分析法试图构建新的衡量创新质量的指标,具体而言,利用 Python 软件对上市公司某年所有申请专利文件的题目与摘要进行文本分析,对相关文本信息进行分词处理并去除停用词(助词、量词等),然后构造词语集合或者词频向量计算 Jaccard 相似度与 Cosine 相似度,根据专利申请相似度衡量创新多样性,作为创新质量的代理变量。

二、研究贡献

第一,本书丰富了贸易摩擦经济后果相关研究。已有贸易摩擦经济后果研究多分析其对宏观经济发展的影响(David et al.,2013;黄鹏等,2018;吕越等,2019),公司层面关注的也主要是贸易摩擦对发起国公司生产经营及财务行为的影响(Liu and Ma,2016;Crowley et al.,2018),较少关注对公司投资活动的影响。本书全面地分析了中美贸易摩擦对被制裁国家上市公司固定资产投资与创新投资的影响,从投资决策角度为贸易摩擦经济后果提供了新的证据。到目前为止,还鲜有文献讨论贸易摩擦对固定资产投资的影响,直接针对中国和美国之间的贸易摩擦对创新影响的实证论文也较少,如颛孙书勤(2020)对我国部分上市公司尤其是制造业企业进行了实证研究,发现中美贸易摩擦对企业专利申请产生了显著的负面影响,与本书结论相反。而本书涵盖中国全部上市公司,利用中国海关数据库，追踪每家公司的每一条出口记录，并匹配至上市公司层面进行研究。

第二，本书为贸易转移效应及贸易抑制效应文献提供了微观层面的证据。贸易摩擦究竟会如何影响我国企业出口布局也还未形成统一的结论，已有文献多以国家层面或行业层面数据，以不同国家作为研究对象，而不同国家的发达程度、市场体制均不同，并不能一概而论。在研究方法上，大多使用规范研究法进行分析，或利用理论模型进行推导，还有部分文献使用案例研究方法对特定行业进行讨论，使用大数据提供实证证据的文献较少。本书以美国与我国的贸易摩擦为研究情境，并纳入全球国际贸易格局，利用中国海关数据库出口企业名称与上市公司及其关联子公司名称进行匹配得到上市公司出口贸易数据，进一步将出口国家和地区分为美国（US）、欧洲发达国家（EU）、亚洲发达国家和地区（ASIA）、非洲国家（AF）及其他国家（OTH）五组，得到每家企业出口不同国家的出口细节数据，从微观企业层面考察贸易摩擦对我国上市企业出口贸易转移效应和贸易抑制效应的影响，为已有的矛盾结论提供企业层面的实证证据。

第三，本书拓展了宏观经济不确定性与微观企业投资关系的相关研究。目前在讨论不确定性背景下影响企业投资行为的文献中，学者们多着重将经济不确定性视为一个整体来探讨两者的关系，或从经济政策不确定和政治不确定方面，且对于不确定性对企业投资是促进还是抑制未得到一致结论，鲜有文献关注贸易环境不确定性这一视角。基于此，本书采用贸易摩擦的外生冲击事件直接定位于贸易环境不确定性如何影响上市公司投资，丰富了宏观经济政策与微观企业行为影响的相关文献。

第四，在数据方面本书有着一定的突破。本书首次利用海关数据库出口数据从上市公司层面研究贸易摩擦对微观企业投资决策的影响。有别于以往多数文献集中于采用国家、地区或行业层面数据，缺乏对异质性企业特征对投资影响的考虑。由于投资主体是企业，因此采用宏观数据无法深入探讨贸易对投资的具体作用机制，也不能很好地控制或排除各种基于企业自身特征造成的干扰因素。上市公司是资本市场不可或缺的一部分，其在中国经济发展中的作用不容忽视，本书通过匹配上市公司层面的300多万条海关出口数据，可以直接定位于每一个上市公司是否直接参与中美出口贸易、出口额、产品种类、贸易类型等具体出口数据，也可以从数据库获取有关企业特征的数据，这些微观层面数据可以更深层次地探讨贸易摩擦对企业投资的影响路径。对于中美贸易摩擦数据，本书围绕美国对我国企业发起的反倾销、反补贴和保障措施等贸易摩擦事件，不仅观测立案期，同时追踪案件终裁结果，研究贸易摩擦对我国上市公司投资的影响；同时，在稳健性检验中，本书又将贸易救济事件替换为美国的关税制裁，在关税指标上参照黄等（Huang et al.，2017）采用美国关税总局披露的美国进口自其他国家的数据，计算美国对华关税在年—行业层面的变动，研究其对我国上市公司投资的影响，在关键指标的刻画上，更加严谨准确。

第五，利用中美贸易摩擦这一独特的研究背景，本书不仅检验了中美贸易摩擦是否会倒逼中国出口企业进行更多的创新，还探索性地对创新质量提出了新的判断标准。不同于已有研究，本书没有以专利的类型来判断企业是否真正提高了创新质量（黎文靖和郑曼妮，2016），而是以创新多样性即使用文本分析法通过计算专利申请书题目与摘要相似度衡量创新质量，认为如果只是增加了专利数量，企业可能会将较为相近的技术多次申请专利，如果创新质量同时提高，专利申请书相似度应该较低。

为对以上内容进行探讨，本书设计如下逻辑框架并进行分析，如图 1-1 所示。

本书余下内容如下。

第二章，理论基础与文献回顾。

在理论基础部分，从微观视角和宏观视角分别对贸易摩擦基础理论进行归纳，并对不确定性环境下的企业投资相关理论进行总结。在文献回顾部分，首先回顾贸易摩擦相关文献。包括贸易摩擦动因相关文献及贸易摩擦经济后果相关文献，经济后果相关文献主要从直接效应以及微观和宏观层面对贸易摩擦经济后果相关文献进行回顾。其次，回顾经济不确定性与企业投资相关文献，包括经济不确定性与资本支出相关文献以及经济不确定性与企业创新相关文献。最后，对这些文献进行综合评述，总结已有相关结论以及现有文献的不足，并指出本书在已有文献基础上的研究突破与进一步的研究空间。

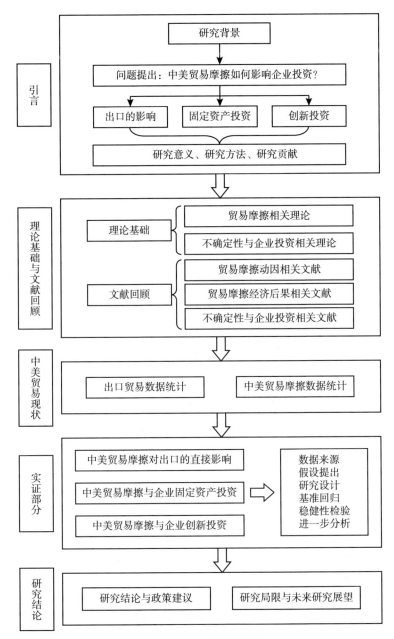

图 1-1 本书逻辑框架

第三章，中美出口贸易情况分析。

首先，对我国出口贸易数据进行统计分析，将出口目的地分为 US、EU、ASIA、AF 和 OTH，并按照此分类对上市公司出口数据进行统计，对我国出口贸易格局进行深入了解，同时比较出口美国的重要性；其次，对中美贸易摩擦数据进行统计分析，分别从案件时间、案件数量、案件类型、涉案行业、案件状态等方面进行统计，以了解目前中美贸易摩擦状态。

第四章，中美贸易摩擦对出口的直接影响，即中美贸易摩擦是否会导致出口美国数量的减少以及企业出口对象的转移，为进一步讨论对企业投资决策的影响奠定基础。

首先，提出本章要研究的问题：贸易摩擦是否导致中国出口企业的"贸易抑制效应"和"贸易转移效应"，即是否抑制了对美国的出口以及是否进行了出口对象的转移，若发生转移，又转移到哪个国家和地区？随后根据已有文献和理论提出本章假设。接下来提出实证研究的研究设计，阐述样本选取步骤与数据来源，建立相关回归模型，并对全部研究变量予以说明。其次，进行实证分析，包括主要变量的描述性统计、单变量分析，以及中美贸易摩擦对转移效应和抑制效应的主回归检验。并利用关税数据重新衡量中美贸易摩擦并进行了稳健性检验。进一步，对出口总规模进行了检验。最后，对本章进行小结。

第五章，中美贸易摩擦与企业固定资产投资，即发生中美贸易摩擦时对固定资产投资水平有什么影响。

首先，提出本章要研究的问题，即面对中美贸易摩擦，出口美国企业会削减其固定资产投资支出还是增加其投资支出？并根据已有文献和理论提出本章假设。随后提出实证研究的研究设计，阐述样本选取步骤与数据来源，建立相关回归模型，并对全部研究变量予以说明。之后进行了主要变量的描述性统计和相关性分析、中美贸易摩擦对固定资产投资的多元回归检验，并进行了一系列稳健性检验，如更换主要变量的衡量方式以及使用 PSM 配对法、Heckman 两阶段法等方法解决内生性问题。在进一步检验中，第一，从实物期权角度和融资约束角度探讨了中美贸易摩擦影响企业固定资产投资的作用机制；第二，检验了中美贸易摩擦对资本支出的影响是否为长期效应；第三，通过对企业投资效率的检验来验证削减资本支出是否为有效的调整策略；第四，对本章进行小结。

第六章，中美贸易摩擦与企业创新投资，即发生中美贸易摩擦时对企业创新有什么影响。

首先，提出本章要研究的问题，即面对中美贸易摩擦，出口美国企业会减少其创新还是增加其创新？并根据已有文献和理论提出本章假设。随后，提出实证研究的研究设计。阐述样本选取步骤与数据来源，建立相关回归模型，并对全部研究变量予以说明。之后进行了主要变量的描述性统计、单变量分析和相关性分析，中美贸易摩擦对创新投入和产出的多元回归检验，并进行了一系列稳健性检验，如更换主要变量的衡量方式以及使用 PSM 配对法、Heckman 两阶段法等方法解决内生性问题。在进一步检验中，第一，从企业"自救"动机以及企业异质性特征探讨了中美贸易摩擦对企业创新的作用机制；第二，检验了对企业创新质量的影响，第三，检验了对创新的影响是否为长期效应；第四，对本章进行小结。

第七章总结了全书，包括主要结论、政策建议、研究局限性及未来研究展望。

第二章　理论基础与文献回顾

第一节　相关概念界定

一、贸易摩擦

在国际上贸易摩擦通常被称为贸易争端（dispute）。所谓争端，是指贸易双方中的进口方对出口方采用一定的关税及非关税壁垒措施来对其出口产品进行贸易制裁时，出口方对此提出反对并要求对方停止制裁措施，甚至对其进行补偿的行为和过程。也就是说，即使进口国一方对出口国一方进行了贸易制裁，但如果出口国接受制裁没有提出反对，这时就不能称为争端，但可以称作贸易摩擦。可见，"争端"一词来自 WTO 文件，但无法针对所有贸易摩擦，仅限于 WTO 受理的贸易摩擦案件。

我国较为普遍使用的贸易摩擦定义是指在国际贸易中，两国贸易往来产生了不平衡的摩擦状态，两国通常有一方是持续顺差而另外一方持续逆差，或这种不平衡的贸易状态对另一方国内产业造成了损害。贸易摩擦主要包括一国对另一国实施的反倾销措施、反补贴措施和保障措施三种形式。

（一）反倾销措施

反倾销是各国发生贸易摩擦时采取的主要手段之一。反倾销指的是进口国对外国商品在本国市场上的低价销售所采取的抵制措施。为了避免外国商品在本国市场进行低价倾销并损害本国产业，进口国会通过增加"反倾销税"进行抵制，主要是指该国除征收一般的进口税以外还会再增加附加税来增加其出口成本。WTO 的《反倾销协议》规定，成员要实施反倾销措施，必须满足三个条件：第一，确定存在倾销的事实，若产品在别国的销售价格低于该产品正常销售价格，就会被认为存在倾销，出口价格低于正常价格的差额被称为倾销幅度；第二，确定此次倾销对进口国国内产业造成了实质性伤害；第三，确定产业的实质性损害是由出口国倾销行为造成的。

（二）反补贴措施

反补贴是指一国政府为了保证公平竞争的状态，或为了保护本国经济的健全发展，以及国际贸易的正常发展，针对政府对企业或行业的补贴而进行的一种抵制措施，包括承诺征收反补贴税、临时措施。相比于反倾销和保障措施，反补贴作为新型贸易壁垒对一国外贸出口和经济发展具有更大的危害性。它具有以下特点：第一，反补贴是政府发起的行为，因此反补贴措施调查的是政府的补贴措施，起诉的主体是政府。反倾销和保障措施的威胁主要针对企业自身，而反补贴针对政府，会影响被调查国政府的政策制定，如产业政策、宏观经济政策甚至总体经济战略。第二，反补贴的调查范围更广泛，可能是从上游到下游整个接受政府补贴的产业链。第三，反补贴并不是一种短期影响，而是一种长期影响。第四，反补贴具有非常明显的连锁效应。

（三）保障措施

保障措施是一种进口限制措施，其依据是 1994 年《关税和贸易总协定》（GAAT）中的规定，主要发生在当一国的进口贸易突然大幅增加，并且进口的商品对其国内产业造成了严重损害或严重损害威胁。保障措施与之前的针对不公平贸易的措施不同，它是针对正常贸易实施的，是在正常贸易条件下防止本国国内产业利益受损的一种重要手段。设置该措施提高了成员国在国际贸易义务中的选择灵活性，当其国内贸易出现特殊情况时，可以免除 WTO 中规定的需要履行的义务，从而避免进口对国内贸易造成的严重损害威胁或者出现严重损害时进行补救。

二、经济不确定性

奈特（Knight，1921）最早提出不确定性的概念为"在任何一瞬间个人能够创造的那些可被意识到的可能状态之数量"，并且对风险和不确定性的定义进行了区分："风险"是概率可知的不确定性，而"不确定性"是概率未知的风险。凯恩斯（1921）认为不确定性是处于不可能和完全可能性之间的情况，存在许多不同的维度，这些维度的概率客观存在，但是我们无法完全掌握每个维度的发生概率。经济学重要分支奥地利派提出"不确定性"其实是一种"动态认知主义观点"（谢志刚，2014）。

不确定性涉及范围很广，包括气候、环境、价格、政治等方面都具有不确定性。目前本书关注的经济环境不确定性指的是与经济政策相关的不确定性，包括经济政策未来走向、政策内容、执行方式等。该类文献主要分两类：一类是针对政治不确定性进行研究，主要以政府官员换届、选举等衡量政治不确定性（Julio and Yook，2012；Bloom et al.，2007；曹春方，2013）；另一类是利用披露载体如新闻报道中有关经济政策不确定性的词语对披露内容进行文本分析构建的经济政策不确定指数（EPU 指数）来衡量经济政策不确定性（Baker et al.，2016）。而在发生中美贸易摩擦时，贸易摩擦的程度、持续时间以及我国政府如何应对均具有不确定性，企业面临的贸易环境不确定性增加，本书就是在此背景下进一步探讨贸易摩擦给企业带来的经济后果。

三、企业投资

根据经济学定义，企业投资行为是指为了获得未来收益而承担瞬时成本的行为（Dixit and Pindyck，1994）。在财务管理学中，又将其分为对内投资和对外投资，对内投资是指将资金投资在企业内部，新建工厂、购置和安装机械设备、购买生产原材料、增加存货、购买技术专利以及研发投入支出均属于内部投资行为，又称为实物投资，本书中所指投资即为这一类。对外投资是指企业以现金、实物等购买股票、债券和有价证券的方式向其他单位进行的投资。

本书在研究中美贸易摩擦对企业投资的影响时，还进一步考虑了其对企业投资效率的影响。企业的投资目标是在一定的资源限制下选择最佳的项目以实现企业利益最大化，能够实现价值最大化的投资规模就是理想的投资规模，当企业实际投资规模越接近其理想规模时，投资效率越高。当实际投资规模超过最佳投资规模，新增加的投资项目无法给企业带来收益，也就是净现值为负时，就会造成企业的过度投资；当实际投资规模小于最佳投资规模，存在可以增加企业价值的项目，但企业故意放弃这些净现值为正的项目时，就会造成企业的投资不足，这均为企业非效率投资行为，会降低企业投资效率（Richardson，2006）。

第二节　理 论 基 础

一、贸易摩擦相关理论

传统的国际贸易理论对贸易摩擦的分析通常通过微观和宏观两个层面进行，因此本章将有关贸易摩擦的相关理论分为国际贸易摩擦微观理论和国际贸易摩擦宏观理论。

（一）贸易摩擦微观理论

贸易摩擦微观理论主要研究的是参与贸易的其中一方产业实力在国际竞争力的改变或两方在国际分工中比较优势的改变。该理论可以将市场分为完全竞争市场和不完全竞争市场两种情况进行讨论。

完全竞争市场条件下不存在贸易摩擦。如果两个国家的贸易是在完全竞争市场下进行，根据赫克歇尔·俄林（Heckscher and Ohlin）提出的要素禀赋论和大卫·李嘉图（David Ricardo）提出的比较优势理论，如果两个国家进行独立的国际分工，此时这两个国家发生的贸易往来不会形成贸易摩擦。但是如果国家之间的贸易是在市场失灵的情况下进行的，比如一国对其出口产品通过税收减免、政府补贴等措施进行支持导致一定程度的市场扭曲，此时双方贸易无法保持帕什均衡状态，国际贸易摩擦随之产生。最具代表性的理论是国际经济扭曲理论，巴格瓦蒂（J. Bhagwati）使用特殊要素模型提出在完全竞争市场中达到帕累托最优的条件。该理论从国际经济活动中资源配置的帕累托最优状态出发，指出需要达到本国消费中两种产品的边际替代率、本国国内生产中两种产品的边际转换率及国际贸易中两种产品的边际转换率这三者相等的必要条件，如果不能同时满足，就会产生扭曲，进而引起国际贸易摩擦。

不完全竞争市场下存在贸易摩擦。不完全竞争市场下的贸易摩擦理论主要是由博兰得和斯彭斯（J. A. Brander and B. J. Spencer）提出的战略性贸易政策理论，贸易摩擦是该理论的一个组成部分。这一理论从进口国角度出发说明了其实施限制进口政策的真正目的，认为由于工业品存在规模经济，因此工业品市场是不完全竞争市场。在这种情况下，一个国家便可能通过税收优惠、政府补贴、政策扶持等手段进行干预，而改变与各贸易参与国之间国际贸易收益的分配，进而引起国家之间的贸易摩擦。

（二）贸易摩擦宏观理论

贸易摩擦的宏观理论主要是在开放的宏观经济下，一国的市场在内外部均衡的不断博弈中进行调整而产生的摩擦。我们主要通过以下三个理论进行阐述。

1. 国际贸易收支平衡理论

一个国家的宏观经济目标有四个：经济增长、稳定就业、物价稳定、国际收支平衡。其中，国际收支平衡就是外部均衡的主要目标。国际收支的主要表现就是贸易差额，贸易顺差是指一国净出口高于净进口，贸易逆差是指净出口低于净进口。克鲁格曼（Krugman，1979）提出维持可能性理论，该理论预期，美元高估是造成美国收支不平衡的主要原因，必须要通过美元贬值来使其重新达到平衡状态。布兰德和芭芭拉（Brander and Barbara，1985）从财政学角度认为美国出现对外经常收支不平衡的原因主要是财政收支不平衡。

2. 国际利益冲突理论

莫瑞和鲍莫尔（Gmory and Baumol，2000）提出国际利益冲突理论，该理论从贸易国之间产业升级角度探究了国际贸易摩擦的成因，指出国际贸易中贸易均衡结果并非单一维度的，随着落后国家技术升级会与发达国家产生利益重叠，对发达国家利益产生负面影响从而带来贸易冲突。该理论为反对自由贸易的论点提供了基础，因为全球化的推进导致人们越来越担心自由贸易的危害，技术的变化和制度性壁垒的减少导致了国际贸易领域更公平的竞争，这些变化让一部分人认为自由贸易不是政府最佳的贸易政策，某种形式的保护或其他政府干预可能比自由贸易更可取。

3. 新贸易保护理论

新贸易保护理论产生于 20 世纪 80 年代，又被称为超贸易保护主义或新重商主义。目前，市场经济体制已成为全球化时代世界经济发展的主要制度。而在市场经济中，最为重要的特征是市场竞争，该特征是国家和企业维持生存或长期发展的核心力量，更是国家发展和实现整体利益的重要方式。各国政府会通过各种各样的手段参与国内外公司的竞争，以保证在国际竞争中保护自身产业和贸易利益，一方面，采用对进口产品加征进口关税或对出口产品实施出口补贴等保护措施，以保证本国企业的收益和市场地位；另一方面，一旦外国的进口产品可能或已经对本国产业造成威胁或损害，甚至侵害到国家利益，即便是发达国家的政府也会立即采取措施进行阻止或挽救。进口带来的其中一个严重的问题是会减少本国的就业岗位，随着就业逐步发展为公共物品，这个问题逐渐上升为一个政治问题。当本国就业岗位越来越少失业问题越来越严重时，民众的抗议所产生的政治压力会导致政府采取一系列手段去消除该问题带来的威胁来保护本国产业发展和人民就业。这些手段不同于关税调整，可以利用如技术壁垒、知识产权保护等措施实施。新贸易保护理论具有较强的强制力，对各参与方都有直接的影响。

二、不确定性与企业投资相关理论

贸易摩擦发生的程度、持续时间以及我国政府如何应对均具有不确定性，导致企业面临的贸易环境及贸易经济政策不确定性升高，本部分主要从实物期权理论、金融摩擦理论、委托代理理论及增长期权理论对不确定性下的企业投资相关理论进行阐述。

（一）实物期权理论

实物期权理论是探讨具有不确定性特征投资的前沿理论。传统的研究常常基于折现现金流法（Discounted Cash Flow Method，DCF）进行投资决策，其核心在于将资产的价值视为将来产生的所有现金流量的现值之和，由以下两个因素决定：一是投资者的预期利润，二是预期利润的折现率。费舍尔（Fisher）用此理论来评估市场上包括金融资产、实物资产在内的所有资产。折现现金流基于完全市场假设，即企业经营是有规律且可以预测的。但现实情况往往并非如此，尤其是投资机会表现出机动变通性或者战略成长性特征时，折现现金流法的运用就会变得困难，具体表现为：第一，难以确定未来现金流和折现率；第二，忽略了信息更新对决策的影响；第三，投资决策具有及时性，不具备延时性。所以折现现金流法（DCF）没有考虑投资机会的价值，不能准确地评估项目价值，在此基础上可能做出错误的决策。

考虑到传统折现现金流法的不足，阿洛和费舍尔（Arrow and Fisher，1974）意识到不确定条件下不可逆投资中等待的价值，由此提出了实物期权的思想。实物资产不同于一般金融资产，学者们将金融期权定价理论中的无套利思想运用于实物期权领域，由此形成了实物期权理论。麦克唐纳和西格尔（McDonald and Siegel，1986）首先建立企业投资中的实物期权定价模型，简单地说，实物期权理论把企业手中的投资机会看作企业所持有的投资期权，它赋予企业等待新的信息并在未来某一时刻再实施投资的权利，未来不确定性越大，投资期权的价值也越高，企业的投资、雇用等决策会变得犹豫。

在持续的理论研究和应用实践中，实物期权理论不断得到丰富和完善，逐渐形成了比较完整的理论体系。阿姆兰和库拉提提拉卡（Amram and Kulatilaka，1999）将实物期权划分为：（1）延迟投资期权（option to delay investment），为减少失败风险和损失，投资者拥有根据实际情况推迟投资而寻找最优投资时机的权利；（2）增长期权（growth option），投资者投资项目时，除了财务收益外，更多考虑对企业未来价值增长的作用及其战略价值；（3）柔性期权（flexibility option），项目实施过程中，投资者在外部环境和内部环境发生变化时，对投入要素或产品进行转换，又称为转换期权；（4）退出期权（exit option），当实际情况恶化并与预期严重不符时，投资者为减少损失，拥有放弃现有投资的权利，又称为中止期权；（5）学习期权（learn option），投资者利用阶段性信息分阶段进行项目投资决策。

实物期权理论不是时时刻刻都可使用，要满足两个前提条件：（1）投资具有不完全可逆性。也就是说，该投资是完全或部分不可逆的，该投资在进行后不能随时撤回或退出，否则会产生大量沉没成本，只能收回小部分甚至完全无法收回任何初始投资成本。例如，企业购入某项固定资产，在使用过程中会产生折旧，再加上重新售卖时会面临"柠檬市场"问题，很难收回全部的成本，即该项投资是不可逆的，在这种情况下，递延投资是具有一定价值的。如果企业的投资是购入了一批可退回的原材料，那企业就可以随时更改投资决策，多余时可以随时进行退回处理，就不会有太大损失，那么等待价值就微乎其微，企业可以随时更改投资决策，此时实物期权理论便不再适用。（2）具备等待投资的能力。因为企业不论是决定立即投资还是等待投资都是要承担一定成本的，在面对投资机会时，企业应该有空间和时间去决定是否要等待更多确定的消息再决定是否投资。如果企业不具备"等待"的能力，例如在竞争程度较高的行业中，投资机会很可能被竞争对手同时识别到，此时企业必须在与其他企业的竞争中抢先获得某种专利技术或新产品，这种情况下就不存在实物期权。

（二） 金融摩擦理论

莫迪格莱尼和米勒（Modigliani and Miller, 1958）的 MM 理论提出在完美市场中企业投资决策与资本结构是相互分离的。但在现实的金融市场中并不可能成为完美市场，是存在融资约束现象和金融摩擦（financial frictions）的，即企业内源资金和外源资金不能完全替代，此时企业投资会受到融资成本等因素的影响。

经济不确定性较高时会影响企业的融资成本和融资规模，进而导致企业无法获得足够资金以支持企业投资，其中有多种渠道。一是经济不确定性较高时会导致借贷双方的信息不对称程度更高，加大外部投资者对企业投资项目评估以及监督管理层行为的难度，外部投资者则会要求更高的风险溢价来保证自己的权益，因此会增加企业融资成本，融资约束程度提高（林钟高等，2015）。二是从资金可获得性角度出发，经济不确定性更高时会增加企业的经营风险，债权人会在决定是否发放贷款时更加谨慎，贷款额度会下降，因此企业若想维持原有投资规模只能增加成本，或者企业选择削减投资规模（饶品贵等，2017）。

埃雷拉诺等（Arellano et al., 2012）通过模型构建发现同时存在不确定性和金融摩擦时，企业的业绩增长和经济涨跌的差异性增大。该模型是在企业特征不同和金融摩擦的设定下构建的，其主要机制是不确定性上升后企业会减少投资项目以减少违约的概率。且在不完美金融市场下，对于那些更容易受到不确定性影响的企业，不确定性较高时由于违约风险的增加使企业信贷紧缩更加明显，此时融资约束程度会更高。

（三） 委托代理理论

目前企业都是在以股东为所有者和经理为管理者的两权分离的现代企业制度下运行的，而这两者之间存在利益冲突问题，也就是企业经营中常常出现的代理成本问题。在代理成本假设下，经理人为追求个人利益和地位的最大化，往往不会把企业价值作为其唯一目标，更加偏向于创建"个人帝国"，具体表现为不断扩大投资规模，甚至将企业内部本应发放给股东的现金流全部用来投资，即使该投资项目并不能为企业带来收益（Jensen，1986）。

在不确定性较大的情况下，此时信息不对称程度更高，代理问题会更加严重，代理冲突严重的管理者进行非效率投资的动机会更强。因为其收益与成本是不对称的，如果投资失败，管理者可以轻易地将责任转嫁到外界环境上，不会影响管理者的职业生涯，而一旦投资成功，管理者则可以获得很多收益。由此可见，委托代理问题反映了管理者和所有者之间的利益不一致问题，但是外界环境不确定性可以加深这种冲突，使得代理问题更加严重。

（四）增长期权理论

在某些不确定性较高的情况下，相对于比较有限的损失，选择投资可以给企业带来更多的价值和收益，不确定性越高，带来的价值越大，此时投资类似于看涨期权，称为增长期权（growth option）理论（Bar – Ilan and Strange，1996）。该理论主要是用来分析研发投资（Stein and Stone，2013；Bloom，2014）。与实物期权理论的结论不一致，实物期权指的是企业能够等待并在未来一段时间内进行某项投资的权力，而增长期权是指企业通过初始投资（如研发投资），为企业带来的在未来一段时间进行某种经济活动（如开发新产品）的权力，也是给企业带来的增长机会。当不确定性越大时，未来收益的上限就会越高，增长期权的价值也就越大，因此会增加企业投资支出的意愿。根据增长期权理论，当企业面临贸易摩擦带来的不确定性增加时，此时通过培育新产品、开发新市场，可能在未来给企业带来更高的收益，企业会更有动机进行研发投资。

第三节 文 献 回 顾

一、贸易摩擦动因相关文献

鉴于中美贸易摩擦的频繁发生，给世界经济格局和中美两国贸易发展与产业升级都带来了巨大的影响，引起了社会各界和学术界的广泛关注。国务院新闻办公室于 2018 年 9 月发布《关于中美经贸摩擦的事实与中方立场》白皮书，其中指出中美两国在经济制度与社会经济发展阶段上处于不同的阶段，因此经贸摩擦的存在是非常正常的。就中美贸易摩擦发生的具体原因，学术界主要从以下三个角度进行了阐述。

一是中美贸易的失衡导致中美贸易争端频发。中美贸易格局目前处于中国对美国货物贸易顺差，服务贸易逆差，美国根据这些逆差，认为中国抢占了其国家内部就业机会、盗窃其知识产权，以缩小巨额贸易逆差为由对中国发起贸易摩擦。我国学者如林毅夫（2018）指出，美国发动贸易战的原因是为了遏制中国的快速发展，进而转移国内的收入差距矛盾。而美国学者认为中美贸易失衡的原因主要有两个，第一是人民币低估，他们认为中国所获得的制造业优势是通过人民币汇率低估实现的，而这种贸易竞争优势挤占了美国国内制造业市场，使其无法不断发展，大量就业岗位丧失（Groenewold and He，2007；Marquez and Schindler，2007；krunman，2010）；第二是中国政府补贴，政府补贴使中国产品以低价在国外市场市场销售，抢占了本国产品的市场份额（美国贸易代表办公室，2005；夏春莉和陈航宇，2018）。

二是中美之间的政治经济利益冲突导致中美贸易摩擦不断加剧。余永定（2018）认为，中美贸易战不仅是经济利益问题而且是地缘政治问题。夏胤磊（2018）认为，中国贸易的发展对美国的科技霸主地位产生了威胁是美国发起贸易战的直接原因，美国为了缓解其国内的政治压力，需要找一个替身来分散国内政治矛盾。黄礼健（2018）认为，中美贸易战的爆发是因为中国在各个方面的崛起，如科技、外交、经济的大力发展威胁到了美国的霸权地位，而美国国内收入差距不断扩大，矛盾激增，导致了中美贸易战的产生。

三是中美两国在新兴产业上的战略竞争导致中美贸易摩擦。张幼文（2018）认为，中美贸易摩擦是两国在新兴产业中的竞争，并不是传统市场竞争的范畴。据 OECD - TIVA 数据库统计，我国出口产品结构也逐渐发生质的变化，逐步摆脱以加工贸易为主的出口模式，以计算机、电子设备为代表的技术密集型产品附加值持续提高，产品逐渐由劳动密集型产品向技术密集型产品转变，并在相关领域形成比较优势（郑丹青和于津平，2016），这令美国等西方国家感到不安。因此，美国以保护知识产权为借口大力施行国内贸易保护，对我国频繁发起贸易制裁，实际上是对中国技术进步的戒心（崔日明，2007）。刘建江（2018）认为，美国对中国发起贸易摩擦，可以从三个视角进行解读，一是从国家视角解读，美国为了维持自己在全球的领先地位，便对中国的新兴技术发展进行打压遏制；二是从贸易关系维度解读，中美经贸关系早已不是之前的互补型，随着中国的崛起，已经向竞争型转变；三是从多边治理视角下解读，美国非常注重自身在全球政治经济体系中的地位，为了避免其在全球影响力的下降，发动贸易战。

可以看出大部分研究均是以定性分析方法探讨中美贸易摩擦发生的原因，只有少数文献使用实证研究方法从企业层面探讨了因反倾销被立案调查企业的特征。巫强等（2015）采用事件研究法考察了哪些因素能够帮助国内上市公司抵御美国反倾销立案调查的负面冲击。其以 2001～2012 年美国对我国 475 家制造业企业发起的 60 起反倾销立案调查为研究对象，发现企业规模越大、经营业绩越好、股权集中度越高，越有助于上市公司抵御美国反倾销立案调查的负面冲击；而劳动要素密集度越高，直接受到反倾销立案调查指控的上市公司遭受的负面冲击越大。杨飞等（2018）利用增长核算法和随机前沿分析法（SFA），通过测算中美两国的全要素生产率发现中美技术差距在不断缩小。利用 2000～2014 年全球国际收支数据库（WIOD）和反倾销数据实证检验发现，美国对华反倾销的主要因素并不是经济因素，而是由中美技术差距缩小或技术赶超以及贸易逆差造成的。

二、贸易摩擦经济后果相关文献

（一）贸易摩擦直接效应相关文献

已有研究对于贸易摩擦经济后果的研究多集中于从宏观层面研究对贸

易转移（Bown and Crowley，2010）、GDP（崔连标等，2018）、就业水平（Autor et al.，2013；Pierce and Schott，2016）、社会福利（吕越等，2019）、金融市场（方意等，2019）以及产业结构（鲍晓华，2007；冯宗宪和向洪金，2010）的影响。其中，贸易摩擦造成的最直接的效应就是对"贸易转移效应"和"贸易抑制效应"的影响，其中，"贸易转移效应"表现为一旦征收了反倾销税或反补贴税，被调查的公司可能会通过将生产转移到目的市场来绕过关税壁垒，减少的出口通过对其他国家出口的增加全部或部分抵消（Belderbos，1997；Blonigen，2002；Blonigen et al.，2004）；"贸易抑制效应"体现为在贸易摩擦的负面影响下由于出口受到阻碍而使一个国家的整体贸易规模发生缩减甚至完全退出国际市场（Park，2009；Crowley et al.，2018；Bown and Crowley，2007）。

在已有研究中，对于贸易冲突是否导致"贸易转移效应"和"贸易抑制效应"的结论并未达成一致。波特（Poter，1989）指出，市场的进入壁垒对企业竞争优势的形成有显著影响，贸易摩擦提高了出口企业进入目标市场的进入壁垒，降低了出口企业的竞争优势。在此理论基础上，彭等（Peng et al.，2008）通过实证研究证实了贸易摩擦使得出口企业的经营发生了重大变化，主要体现在"贸易抑制效应"与"贸易转移效应"两方面。斯泰格和沃拉克（Staiger and Wolak，1994）考察了1980~1985年美国的反倾销措施对相关产品进口和国内产量的影响情况，估计出征收反倾销税使相关行业的进口额平均降低了17%，使国内产量平均提高了2.3%。普鲁萨（Prusa，2001）指出反倾销手段一旦被使用，各国就很难限制这种制裁手段的使用和传播，会使被指控国出口量下降30%~50%，即使是裁决结果认定并没有发生反倾销的案件，其被申诉国出口量也发生了明显的降低，说明反倾销具有明显的"贸易抑制效应"。勃朗特（Bronton，2001）通过对1989~1994年欧盟的98个反倾销案例的年度数据进行分析，提出反倾销行动本质上是歧视性的。来自目标国家的进口相对于国内生产者受到歧视，但相对于来自世界其他国家的非指定国家的进口也受到歧视。文章分析了反倾销行动对欧盟的影响，发现欧盟反倾销措施具有显著的贸易转移效应，且这种转移主要是对非欧盟供应商。贝伦（Bown，2007）也研究了反倾销对国际贸易产生的影响，研究对象主要是美国和日本，发现这些措施会导致诉讼国一方产生贸易转移，对被诉讼一方产生贸易抑制和贸易偏转的现象。同样地，还有很多学者（Lichtenberg，1990；Staiger，1994；Piyush，2010）均得到相同结论，认为反倾销措施会对被指控国产生"贸易抑制效应"和"贸易转移效应"。

也有不少文献讨论贸易制裁措施对我国贸易造成的"贸易转移效应"和"贸易抑制效应"。鲁等（Lu et al.，2013）检验了美国反倾销对中国出口的反应，利用2000~2006年中国出口的月度交易数据，研究发现反倾销调查导致中国总出口量的大幅下降分别表现在两个方面，一方面是总出口企业数量减少，主要是直接出口商、生产力较低出口商、单一产品出口商的减少；另一方面是依旧出口的企业出口量也减少。帕克（Park，2009）采用GMM估计方法也发现反倾销措施对中国贸易具有显著的贸易转移效应和贸易萧条效应。胡麦秀和严明义（2005）研究发现反倾销措施引起了出口国市场的贸易转移效应，他们的研究对象是欧盟对中国彩电反倾销案件，发现导致中国彩电出口量明显降低，而未对中国提起反倾销的市场如日本、美国、澳大利亚、阿联酋等国，中国彩电出口量出现了显著增加。沈国兵（2008）通过案例研究探究了美国对中国木质卧室家具反倾销的贸易转移效应，研究发现：对木质卧室家具的反倾销措施导致美国对中国产品进口的减少，而由越南、马来西亚和印度尼西亚进口的产品数量增加。冯宗宪和向洪金（2010）利用2002~2007年欧美国家对华纺织品出口商品的8位和10位商品编号反倾销案例的月度数据，发现对华反倾销措施引致指控国的产品进口由中国转移至韩国、印度等竞争国，而且促使中国涉案产品向第三方市场出口量增加。王孝松等（2014）研究发现贸易伙伴发起的反倾销措施显著抑制了中国出口增长的内涵边际和外延边际，并且反倾销措施对外延边际的抑制效应要大于对内涵边际的抑制效应。而蒋为和孙浦阳（2016）采用DID方法研究发现，受到美国反倾销制裁后，中国企业在被制裁和未被制裁的产品出口上均发生显著下滑；与此同时，企业经营绩效严重下滑，融资成本显著升高，导致对别国出口也发生影响。以上研究均发现贸易摩擦会导致"贸易转移效应"和"贸易抑制效应"。

然而，也有部分研究认为贸易摩擦并不一定会导致"贸易转移效应"和"贸易抑制效应"，或者并不一定会同时发生这两种效应。拉萨尼（Lasgani，2000）探讨了欧盟（EU）对来自受调查国家和未受这些保护行动影响的国家的进口产品的反倾销政策的后果。利用1982～1992年采取的分类措施的数据进行分析，结果表明虽然贸易限制效应是显而易见的，但从"目标"国家转移到"非目标"国家的进口数量似乎并没有特别高，说明贸易转移效应并不明显，这可以解释为欧盟反倾销战略更有效的信号。尼尔斯（Niels，2003）对发展中国家墨西哥反倾销措施的贸易效应进行了分析，研究发现，墨西哥的反倾销措施无论从进口量还是进口额来看，都对被指控国家产生了显著的贸易破坏效应。这种影响在针对非美国进口产品、发展中国家以及加工食品、纺织和橡胶行业的案件中尤其明显。本书没有发现贸易转移的证据，即从非指定国家的进口与反倾销措施的实施没有统计关系。有一些证据表明，在墨西哥进行反倾销会产生声誉效应。克罗利和贝伦（Crowley and Bown，2010）探讨了美国或欧盟对中国施加的进口限制是否导致中国出口转向第三方市场，利用1992～2001年美国和欧盟对中国贸易实施的进口限制数据来检验是否会导致中国产品出口至其他市场。结论是没有发现向其他国家的出口发生显著增加。科宁斯（Konings，2001）发现反倾销会导致对未被提起诉讼的国家发生并不明显的进口增加。张永（2013）通过对美国1994～2008年反倾销涉及的相关产品的数据进行分析，发现美国反倾销申诉并没有产生贸易转移效应，而只具有市场转移效应。以上研究均认为，贸易摩擦不一定会同时导致"贸易抑制效应"和"贸易转移效应"。

（二）贸易摩擦宏观层面经济后果相关文献

目前较多的研究均是从宏观经济层面探讨贸易摩擦的经济后果。已有文献从关税水平、进出口贸易、GDP、社会福利、就业水平、金融市场等方面探讨了贸易摩擦造成的影响。

有关贸易摩擦对GDP的影响方面，崔连标等（2022）首次考虑美国构建对华禁运联盟背景下中国面临的芯片供应链中断风险，在芯片进口完全中断的极端情景下，中国当年实际 GDP 下降 0.49%，出口减少 8.02%，就业下降 0.18%，失业人数增加约 136.35 万人。小林和赫伦（Kobayashi and Hirono，2018）运用一个宏观经济模型来模拟 10% 或 25% 的关税增长对 GDP 的潜在影响。美国 GDP 在关税增长 10% 的情景下下降了 0 ~ 0.15%，在增长 25% 的情景下下降了 0 ~ 0.28%。李等（Li et al.，2018）使用 CGE 模型，计算了美国和中国关税提高引起的福利变化。该模型以 2013 年为基准年，包括了 29 个国家和地区的可贸易和不可贸易商品，发现中美进口关税分别提高 15%，美国 GDP 增长 0.007%，中国 GDP 下降 0.667%。在进口关税分别提高 30% 的情况下，美国 GDP 增长 0.037%，而中国 GDP 下降 1.152%。特苏米（Tsutsumi，2019）评估了 2018 年中美贸易冲突的经济后果，研究发现：第一，仅对商品加征关税就使中美两国 GDP 分别下降 0.1% 和 0.2%。美国和中国的等效差额分别减少了 98 亿美元和 352 亿美元。尽管其他国家从贸易转移中获益，但在全球范围内损失大于收益。第二，如果考虑到贸易引发的资本深化和技术溢出的影响，情况会变得更糟。美国和中国的 GDP 分别下降 1.6% 和 2.5%，美国和中国的等效变化分别减少 1 995 亿美元和 1 871 亿美元。同样，贸易转移不足以弥补这些国家的损失。第三，征收的关税扭曲了相对价格，导致全球生产结构的变化。美国和中国在运输、电子和机械设备生产方面都失去了比较优势，而其他国家则在这些领域扩大生产。第四，中国报复性提高关税在一定程度上加剧了美国经济的恶化，但也让中国经济付出了代价。从长远来看，报复不是一种适当的政策回应。特费库门和费道斯（Taufikurahman and Firdaus，2019）提出中美贸易战使世界经济形势充满不确定性。双方互相加征关税导致对美国和中国的商品总产出分别下降了 3.91% 和 2.67%，但美国和中国的经济增长（PDB）将分别修正 0.08% 和 0.66%。这些研究基本均认为贸易摩擦对中美两国甚至全球 GDP 均带来了负面影响。

有关贸易摩擦对社会福利的影响方面，董和惠利（Dong and Whalley，2012）利用两个密切相关的世界贸易一般均衡数值模型，分析了美中双边报复对贸易流动和福利的潜在后果。传统模型的结果表明，两国之间的报复可以改善美国的福利，因为美国用自己的商品代替支出，改善其与非报复性地区的贸易条件，而中国和非报复性地区可能会受到不利影响。然而，中心案例模型规范的内生贸易顺差模型的结果表明，在大多数情况下，美国和欧盟（赤字地区）都有福利损失，而盈余地区、中国都有福利收益。卡瓦略等（Carvalho et al.，2019）使用全球贸易分析项目（GTAP）可计算一般均衡模型研究了中美贸易对两国的影响，分别讨论了只考虑美国的保护主义措施以及考虑中国的报复措施两种情况对居民消费和福利的影响。结果表明，一方面，贸易战将导致美国贸易逆差减少，受进口关税提高影响的行业国内生产增加，中国生产商和消费者将承担贸易战的最大负担。另一方面，由于配置效率的显著降低，特别是在美国，以及在中国的案例中贸易条件的损失，两国和世界作为一个整体将在福利方面受到损失。郭等（Guo et al.，2018）使用一般均衡数值模型系统检验了中美贸易摩擦的影响，分析了贸易平衡框架下美国单边关税措施的影响、贸易平衡框架下中国同等水平以及不平衡框架下中国同等水平报复的影响，发现贸易摩擦会对全球国际贸易产生一定负面影响，但在社会福利方面，中国受到的影响并不明显，美国受到的影响更大。倪红福等（2018）发现中国和美国互相加征关税导致美国价格水平大幅增加，从福利损失程度来看，美国的受损程度也大于中国。吕越等（2019）基于模型发现在中美贸易摩擦对全球供应链和产业链产生冲击时，中国所遭受的总体福利损失约为美国的2.6倍。林毅夫（2019）假设美国对中国出口的5 000亿美元商品均加征关税来模拟对中美两国经济的影响，经模型推算，中国经济增长速度降低0.5%，美国经济增长速度降低0.3%，如果美国继续进口，其国民福利会下降，国内就业机会会减少，如果美国转向其他国家进口，则其贸易成本会上升。

在其他宏观影响方面，余淼杰等（2022）发现中国的反制关税显著抑制了我国自美中间品的进口，从而对美国加税行为形成了有效的反击。皮尔斯和斯科特（Pierce and Schott，2016）发现对中国进口产品取消关税增加的政策实施后导致美国制造业企业的就业率大幅下降。夏春莉和陈航宇（2018）通过对中美双边关税现状及中美双方关税加征清单研究发现，美国对中国的总体关税水平从1.71%逐步上升到15.08%，中国对美国的总体关税水平从 6.27% 逐步上升到 16.91%。李和惠利（Li and Whalley，2010）利用中国行业数据分别探讨了面对美国、欧盟、发展中国家等不同国家对中国进行反倾销时对中国企业的影响。研究发现由发达国家和发展中国家发起的反倾销均对中国行业利润、劳动力市场、企业数量以及出口产生了影响。中国行业对于美国和欧盟的反倾销措施和其他发达国家是相似的，但是对美国的反应会更加强烈。崔连标等（2018）发现贸易摩擦会导致两国实际 GDP、居民福利、贸易条件和进出口贸易等均造成双输的结果，但中国受损程度更加严重；并且中国虽然也在采取一些报复性措施，这些措施可能会对美国的社会福利和整体经济发展产生一些负面影响，但与此同时，中国自身的利益可能会二次受损。薛同锐和周申（2017）认为中美贸易摩擦导致的中国对美出口难度增加，对中国劳动就业造成影响，短期来看会对中国劳动力市场造成震荡，造成一定的负面影响，但长期上这种影响将逐渐消退。方意等（2019）采用事件分析法研究发现贸易摩擦在短期内会造成中国各金融市场自身风险的上升，对于债券市场的影响最大，对于股票市场的影响最小，且贸易摩擦对跨市场风险传染有显著且持久的溢出效应。

（三）贸易摩擦微观层面经济后果相关文献

在遭受欧美国家连续的反倾销制裁后，我国大量企业出现出口难度增加，经营业绩受到显著影响，甚至出现财务危机，更严重的企业发生破产重组的情况，公司资本市场压力和政治成本急剧增加（Lu et al.，2013；沈国兵，2008；巫强等，2015）。有少量文献关注贸易摩擦对企业微观行为方面的影响，如市场反应、公司经营业绩、企业投融资行为、生产状况等（方意等，2019；Liu and Ma，2016；蒋为和孙浦阳，2016）。

其中，已有研究成果中最主要集中在对企业生产率方面的影响。在企业生产率方面未得到一致结论，其影响存在着差异性。钱德拉和隆（Chandra and Long，2013）发现，在美国对华反倾销实施后，中国规模经济优势受到影响，导致中国出口企业的劳动生产率下降了 12%，企业全要素生产率下降了 5%，其中原本出口较多的企业其生产率下降更显著，该结果在使用不同的生产率指标后依旧保持一致。谢申祥等（2017）通过分别对反倾销的初裁阶段和终裁阶段进行分析，发现在反倾销初裁阶段企业生产率并没有明显的变化，但是到了终裁阶段中国企业生产率发生了显著的下降。此外，相关研究还存在一些相反的观点，如杰伯等（Jabboure et al.，2019）利用欧盟企业数据分析发现，反倾销减少了中国出口企业的数量，但是依旧出口的企业生产率明显提高。奚俊芳和陈波（2014）利用数据包络法（DEA）分析发现，从总体上来看，其他国家对华反倾销反而显著提升了中国出口企业的生产率。

在其他微观影响方面，有少部分文献讨论了对出口退税、市场反应、企业风险、数字化转型、盈余管理及信息披露的影响。李等（Li et al.，2020）发现在企业因反倾销立案调查时，会带来负向的短期市场反应。艾格和尼尔森（Egger and Nelson，2011）发现企业在被征收高昂的反倾销税后，出口成本增加，为了维持预期利润，企业只能提高价格继续进行出口，对于目标市场便失去了价格优势导致需求大幅下降，使企业业绩受损，进而提高了企业的内源融资成本和外源融资成本，融资成本的升高进一步导致企业没有足够的内部资金满足营运要求（蒋为和孙浦阳，2016）。沈昊旻等（2021）研究发现贸易摩擦会给企业带来较高的销售不确定性而增加企业的经营风险，也会因为企业所面临的环境不确定性的增加加重信息不对称问题，这两方面都会导致企业的权益资本成本增加。李等（2020）还探讨了中美贸易摩擦对企业盈余管理的影响，考虑到我国企业进行向下盈余管理的成本较高，面对中美贸易摩擦立案调查，涉案行业上市公司为应对负面冲击，有动机提高市场估值及获取政府优惠，会进行向上的盈余管理。房超和俞小燕等（2024）发现出口退税率的提高能够显著弱化美国加征关税带来的负面影响。范家瑛和万华琳（2024）发现受贸易摩擦影响企业显著提升了数字化转型水平。另外，周琳等（2019）还研究了中美贸易摩擦对我国企业信息披露策略的影响，发现面对美国贸易救济案件调查时，我国企业会在其披露中更多采取"撇清"性词语的信息披露策略来应对贸易摩擦可能为企业带来的负面效应。

在有关贸易摩擦对企业创新的影响中，已有文献较多在贸易摩擦背景下从进口角度研究贸易摩擦导致进口竞争的增加对企业创新的影响。奥特等（Autor et al.，2016）站在美国角度研究来自中国的进口竞争对美国企业创新的影响，发现来自中国的进口冲击对美国企业的专利申请起到了抑制作用。亚科沃内和凯勒（Iacovone and Keller，2011）基于企业异质性视角探讨来自中国的进口竞争对不同生产率水平企业的影响，研究发现来自中国的进口竞争对低生产率企业创新具有抑制作用。而布鲁姆（Bloom，2016）发现来自中国的进口竞争显著提升了欧洲国家的研发投入与创新产出，同时企业信息技术水平显著提升，企业生产率增加。此外还发现，来自中国的进口冲击优化了企业劳动力结构，劳动力更多地被分配到创新型企业。高尼陈可等（Gorodnichenko et al.，2010）利用 27 个新兴市场经济体的数据，发现来自外国的竞争和与外国公司的联系与国内公司创新之间存在着积极关系，跨国企业的供应链和贸易是重要的渠道。列和杨（Lie and Yang，2017）研究发现，对中国进口竞争的预期会导致企业进行暂时的创新来规避价格竞争。企业通过创新活动增加产品差异化来应对更大的进口渗透。在进口渗透稳定后，企业创新能力会逐渐下降。宫和徐（Gong and Xu，2017）发现进口竞争会促使研发支出重新分配给生产率更高的公司和利润更高的公司。洪贝特和马特雷（Hombert and Matray，2018）考察了公司创新活动可以更好地应对由中国进口竞争带来的贸易冲击。他们发现研发资本存量较高的企业受进口竞争负面影响公司绩效的程度较小，并且打开了研发活动能够缓解外部贸易冲击的机制"黑箱"，发现是产品差异化而非生产效率的提升。徐保昌等（2018）讨论了贸易摩擦进口关税的变化对我国企业创新的影响。发现进口关税显著抑制了企业创新投入和创新绩效，且对于小规模企业的抑制作用更为显著。

从出口角度出发，李双杰等（2020）利用 2000～2007 年中国工业企业数据库、海关数据库和全球反倾销数据库检验对华反倾销对中国企业创新的影响，结果发现对华反倾销在短期和长期均会显著抑制中国企业创新，反倾销造成的融资约束是影响创新的渠道。周冬华等（2023）也得出了类似结论。而魏明海和刘秀梅（2021）讨论了由于贸易摩擦导致的贸易环境不确定性对上市公司企业创新的影响，发现贸易冲击所造成的贸易环境不确定性对企业创新具有倒逼作用，且贸易环境不确定性越高，倒逼效应越显著。姚颐等（2023）也发现贸易诉讼会倒逼企业加大创新力度。该效应在融资约束较弱、出口规模较大、出口收入越集中的企业中更加显著。刘斌和李秋静（2023）发现美国对华出口管制对中国企业创新具有双重作用，一方面抑制了中国的创新产出，另一方面促进了中国的创新投入。可见已有文献发现了相互矛盾的结论。

三、经济不确定性与企业投资相关文献

（一）经济不确定性与资本支出

日渐升级的贸易摩擦会导致各国经济不确定性的明显上升（张红霞，2018）。贸易摩擦事件的频发明显地增加了整个行业内被贸易制裁的企业以及其他尚未遭遇制裁的企业所处贸易环境的不确定性（魏明海和刘秀梅，2021），中国企业面临的贸易经济政策不确定性逐渐上升（李敬子和刘月，2019）。近年来，有关外部不确定性如何影响企业财务投资决策成为理论界和实务界的研究热点问题之一（Brogaard and Detzel，2015；Baker et al.，2016；Chen et al.，2017），尤其是企业在不确定环境下的资本支出问题受到了经济学和金融学的广泛关注，也有大批研究成果。

目前有关这一领域的理论研究存在两种截然相反的观点，其中，一种观点认为，不确定性的上升会提升企业投资支出（Oi，1961；Hartman，1972）；另一种观点则认为，不确定性的上升会抑制企业的投资支出（Dixit and Pindyck，1994；Gulen and Ion，2016）。目前文献中主要以后一种观点作为企业在不确定性环境下投资决策的主流理论，该理论主要是基于实物期权理论，认为在存在调整成本（即投资不可逆）的情况下，投资机会可以看作企业持有的一项期权，不确定性的上升能够通过提高期权价值的方式增加企业的边际投资成本，从而对企业投资支出产生抑制作用（Dixit and Pindyck，1994）。此外，也有一些学者提出在不确定性环境下，融资约束理论对于企业投资决策也能产生重要影响。关于融资约束理论，主要是

指把企业融资分为内部融资和外部融资，在不完美的资本市场中，形成逆向选择和道德风险问题，产生代理成本和监督成本，导致企业内外部融资成本存在差异及外部融资溢价。在不确定性程度较高时，会使外部投资者无法准确预期其收益，因此需要较高的风险溢价维护自己的权益，这会导致企业融资成本增加，加剧了企业的融资约束程度（刘康兵等，2011）。对于那些无法完全依靠内部资金进行投资的企业而言，融资约束程度的上升会降低企业资本支出水平（饶品贵等，2017）。

国内外大量学者用理论推导和实证检验的方法证明了环境不确定性对企业资本支出的影响，主要包括经济政策不确定性以及政治不确定性等方面。大部分研究针对经济政策不确定性来进行研究。坎佩洛等（Campello et al.，2010）针对美洲、欧洲和亚洲企业中的 1 050 位首席财务官进行了问卷调查，调查发现在外部环境不确定性较高的时期如通货膨胀、金融危机、经济政策不明朗等期间，企业会重新制定其投资计划。格伦和伊昂（Gulen and Ion，2016）研究证实，经济政策不确定性与公司资本投资负相关，金融危机期间公司投资下滑主要归因于经济政策不确定性，而且这种效应在投资不可逆、受融资约束的公司中更加显著。朱利奥和尤克（Julio and Yook，2012）以及斯多凯（Stokey，2016）发现当经济政策不确定性问题被解决后，投资水平会迅速恢复。王义中和宋敏（2014）用中国季度实际 GDP 的波动率度量宏观经济不确定性，发现企业投资会受到宏观经济不确定性的影响，而负面冲击会加大宏观经济不确定性，此时投资等待的期权价值更大，导致企业削减投资规模。李凤羽和杨墨竹（2015）使用斯坦福大学和芝加哥大学联合发布的中国经济政策不确定性指数衡量我国经济政策的不确定性，发现经济政策不确定性的上升导致企业投资规模下降，而在金融危机后，该抑制作用更加显著。饶品贵等（2017）采用"中国经济政策不确定性指数"来衡量和研究中国经济政策不确定性对企业投资的影响，发现经济政策不确定性升高导致企业投资规模显著缩减。此外，也有一些学者研究了政治因素变化带来的政策不确定性如政府换届、省、市委书记变更等政治因素导致的不确定性对企业投资决策的影响。例如，布鲁姆等（2007）以及扬斯（Yonce，2010）等构建了不同的理论模型，均证明当政治不确定性增加时，企业会缩减其投资规模。朱利奥和尤克（2012）用跨国数据实证检验表明，在国家大选期间，企业投资支出会变得更加谨慎，投资支出平均降低了 4.8%，并且当选举的结果难以预测时，企业对资本支出的这种抑制效应更为明显。曹春方（2013）以省委书记更替作为政治不确定性较高的代理变量，发现省委书记更替导致政治不确定性增加时，企业会削减其投资支出。与曹春方（2013）结论一致，徐业坤等（2013）也发现面临的政治不确定性升高时，企业会削减投资支出。

（二）经济不确定性与企业创新

准确的政策信息能使企业进行准确预期，而经济政策不确定性会使企业无法判断未来发展趋势。因此，当宏观经济政策不确定性增加时，公司投资等需要进行准确预期的生产经营活动会受到较大影响。研发投资作为一种特殊的投资活动，相比于普通投资，具有研发周期长、风险大、研发结果不确定性较高等特点（Holmstrom，1989；Hsu et al.，2014），因此企业的研发投入增加了企业经营活动的不确定性，这些特点也使研发活动本身容易受到不确定因素的影响。布鲁姆（2007）指出由于调整成本特征的差异，不确定性对 R&D 的影响可能不同于其他经济活动。

关于不确定性背景下对企业研发投资决策的影响，已有研究并没有得出统一的结论。一方面，与实物期权理论相一致，部分研究认为不确定性抑制了企业创新投资，伯南克（Bernanke，1983）以不确定性条件下的不可逆选择（irreversible choice）理论为基础，认为不确定性的增加对投资产生负面影响。郭华等（2016）发现，在实物期权理论下，不确定性可以使企业延缓投资也增加期权等待价值，但除此之外，经济不确定性还从银行信贷进而影响融资成本等方面影响企业研发投入。聪和霍威尔（Cong and Howell，2021）基于中国独特的首次公开募股（IPO）暂停场景，研究了政府监管机构无限期暂停 IPO 申请政策造成的不确定性对创新的影响，发现 IPO 暂停会对不可逆投资产生负面影响，导致企业不得不放弃如收购或大规模投资的战略机会，并可能通过改变管理层风险偏好而对创新产生持续影响，导致企业的创新活动在 IPO 暂停期间和上市后数年内呈现下降趋势。

另一部分文献认为不确定性增加时企业会将研发投资视为"韬光养晦"的投资策略。阿塔纳索夫等（Atanassov et al.，2015）发现政治政策不确定性可以促进企业 R&D 活动，且那些对政治更为敏感、创新实力较弱、处于高成长期、竞争程度较大的企业所受到的影响更加明显。佟家栋和李胜旗（2015）发现中国加入 WTO 后贸易政策不确定性的下降显著提升了出口企业的产品密集度，但这种影响并没有立马生成，是存在时滞性的。王凯和武立东（2016）指出，研发活动具有探索性较强的特点，当外部面临的环境不确定性较大时，企业无法准确获取有关客户需求的信息。为了降低此时与顾客的信息不对称程度，企业会加大创新投入力度。孟庆斌和师倩（2017）利用文本分析方法构建宏观经济政策不确定指数，发现当经济政策不确定性越高时，上市公司越增加研发投入，对于风险厌恶程度越高的企业、研发投入转化为预期回报率越低的企业越容易受到影响。顾夏铭等（2018）指出为了增强市场实力，在经济政策不确定性越高的情况下，企业的研发投入和研发产出均显著增加。李敬子和刘月（2019）研究发现贸易政策不确定性促进了企业的研发投入，并且这种效应通过融资约束程度、出口以及政府补贴等作用机制实现。魏明海和刘秀梅（2021）讨论了由于贸易摩擦导致的贸易环境不确定性对上市公司企业创新的影响，发现贸易冲击造成的贸易环境不确定性对企业创新具有倒逼作用，且贸易环境不确定性越高，倒逼效应越显著。该效应在融资约束较弱、出口规模较大、出口收入越集中的企业中更加显著。

第四节　文献评述

第一，贸易摩擦究竟会如何影响我国企业出口布局还未形成统一的结论，究其原因，主要是由不同的研究方法和研究数据限制造成的。上述文献中以不同国家作为研究对象，不同国家的发达程度、市场体制均不同，并不能一概而论。在研究方法上，有文献利用理论模型进行推导，还有部分文献使用案例研究方法对特定行业进行研究，使用大数据提供实证证据的文献较少。且已有文献大多采用国家、地区或行业层面数据，从宏观层面如整个国家或行业的总体贸易量探究贸易摩擦对国家总体出口或特定行业出口转移效应的影响，这无法进一步对其微观影响机制进行深入分析，也无法控制企业异质性对结果带来的影响，因此可能造成已有结论的不一致性。本书以美国与我国的贸易摩擦为研究情境，利用中国海关数据库与上市公司数据进行匹配，进一步将出口国别分为 US、EU、ASIA、AF 及 OTH 五组，得到每家企业出口不同国家的出口细节数据，从微观企业层面考察贸易摩擦对我国上市企业出口贸易转移效应和贸易抑制效应的影响，为已有的矛盾结论提供企业层面的实证证据。

第二，可看出近年来逐渐有研究从企业微观层面探讨贸易摩擦的经济后果，但依旧还有较大的研究空间，企业投资作为企业经营的重要一环，鲜有文献系统地从企业投资角度研究面对贸易摩擦我国企业会如何调整投资策略来进行应对。与本书最为相似的就是李双杰（2020）与魏明海（2021）的研究，但是前者是基于工业企业数据库从中小企业的角度进行探讨，但是工业企业数据库提供的数据信息极为有限，难以深入研究。本书主要将上市公司作为研究对象，上市公司作为公众公司具备完善的信息披露体系，可以获得研究的各项指标，如创新数据、公司各项特征数据等而进行深入探讨。魏明海和刘秀梅（2021）虽然也从上市公司角度探究了贸易环境不确定性对创新的影响，与本书有一定相似度，但首先，其所使用的情境是全球贸易摩擦而不是指定国家之间的贸易摩擦，本书是针对中美贸易摩擦进行讨论，可以排除由于不同国家发达程度、经济体制等特点对结论造成的影响；其次，他们并没有关注案件发展状态，本书对中美贸易救济案件追踪了每一起案件的发展进程，可以更准确地判断是否还处于被诉讼期间；最后，本书是对整个投资决策进行研究，不仅研究了对创新投资的影响，也同时对固定资产投资进行了深入研究。魏明海和刘秀梅（2021）仅对贸易摩擦对企业创新数量的影响进行了检验，本书还进一步对创新质量进行了检验。

第三，可以看到目前讨论不确定性影响企业投资决策的文献中，学者们多将经济政策不确定性视为一个整体探讨两者的关系，且对于不确定性对企业研发投资是促进还是抑制产生分歧。贸易政策不确定性属于环境不确定性的一种具体表现形式，与经济政策不确定性和政治政策不确定性有本质的区别，其来源不同，前者源于国际贸易，而经济政策不确定性主要源于经济政策，政治不确定性主要是政治因素变化导致的。而随着国际贸易环境的复杂多变，贸易政策不确定性在我国经济中占据越来越重要的地位，更应该单独对其进行研究。本书由中美贸易摩擦的外生冲击事件准确定位贸易环境改变带来的经济不确定性，考察当贸易经济政策不确定性越高时对我国上市企业投资决策的影响，同时为衡量经济不确定性指标提供了一个新的维度。

第四，目前已有关于贸易冲击对企业创新影响的文献中，大多研究发展中国家的进口竞争对发达国家企业创新的影响，或来自中国的进口竞争对发达国家企业创新的影响。也有少量文献探究进口关税的变化对中国企业创新绩效的影响。而在贸易摩擦所带来的经济后果中，还较少有文献从中国视角出发，进一步从被制裁国家角度观察对中国实施贸易制裁，导致中国企业出口受阻后，对企业投资策略又会带来何种影响，而该影响是在经历贸易摩擦后对中国企业更为直接和重要的。

第三章　中美出口贸易情况分析

只有全面了解中美出口贸易与中美贸易摩擦在国际贸易格局中的发展趋势、地位和现状，才能深入分析当我国企业面临动荡的国际贸易格局时企业应该如何应对贸易摩擦的负面冲击。本章对我国出口贸易数据与中美贸易摩擦数据进行统计分析。首先，本书通过海关数据库获取所有出口数据，再手工收集上市公司及其关联公司名称信息与之进行匹配，共获得3 166 313条上市公司具体出口贸易数据。除了对美国的出口数据外，同时本书根据发达程度将所有出口国家和地区分为美国（US）、欧洲发达国家（EU）、亚洲发达国家和地区（ASIA）、非洲国家（AF）及其他所有国家（OTH）五组，同时对这五组出口数据进行统计分析与对比，以更加直观地观察向美国出口贸易在我国国际贸易格局中的发展趋势。对于中美贸易摩擦数据，本书主要通过手工收集贸易救济信息网中美国对中国提起的贸易救济诉讼案件信息并追踪案件发展情况，在本章中分别通过贸易救济案件数量、涉案时间、涉案行业、涉案产品、案件类型、案件状态等细节信息进行统计分析，以帮助我们更加清晰地了解样本期内中美贸易摩擦的发展过程和现状。

第一节　出口贸易数据统计

本书通过将从海关数据库获取的出口数据与上市公司信息进行匹配获得上市公司出口数据，除了对美国的出口数据外，同时本书根据海关出口数据中具体出口国家发达程度将出口国家和地区分为五组。其中，欧洲发达国家（EU）包括法国、德国、意大利、荷兰、比利时、卢森堡、英国、丹麦、爱尔兰、希腊、葡萄牙、西班牙、奥地利、瑞典、芬兰、捷克、匈牙利、澳大利亚、新西兰；亚洲发达国家和地区（ASIA）包括日本、新加坡、韩国、以色列、中国香港；非洲国家即目前所有非洲国家；其他国家（OTH）即为剩下的所有发展中国家。① 在本节中，对这五组类别中的上市公司出口情况进行统计分析与对比，以更加直观地观察中美出口贸易在我国国际贸易格局中的位置。

一、中国上市企业出口数量描述性统计

表 3 - 1 统计了我国 2006～2016 年出口至美国、欧盟发达国家、亚洲发达国家和地区、AF 和 OTH 的上市公司数量。从表 3 - 1 可以看出，出口的上市公司数量呈递增趋势，2006 年上市公司中有 560 家企业具有出口业务，到 2016 年已经上升到 1 937 家。其中，2006 年有 66% 的出口企业共 497 家都对美国进行了出口，出口欧盟发达国家的有 564 家，出口亚洲发达国家和地区的有 613 家，出口至非洲国家的有 393 家，其他国家有 678 家；到 2016 年有 69.64% 的出口企业共 1 349 家上市公司均有对美国的出口业务，有 1 501 家企业出口 EU，有 1 586 家企业出口亚洲发达国家，有 1 123 家企业出口 AF，有 1 809 家企业出口其他剩余国家。从该统计中可以看到，其他四组中均包含多个国家，而出口美国一个国家的数量几乎可以与其他一个组匹敌，甚至远远超过非洲国家组，说明美国是中国的重要出口国家。从该表中也可以看出，大部分上市公司并非单独出口至某一个组别的国家，而是可能同时向多个国家进行出口。由图 3 - 1 也可以直观地看出向五个组别的国家出口的上市公司数量呈上升趋势。

---

① 本书综合经合组织发展援助委员会、美国中央情报局、国际货币基金组织、世界银行及全球发展中心等机构根据人均国内生产总值、工业化水准和科学技术水准等指标确定的发达国家名单作为划分依据。本书所指国家包括国家和地区。

表3-1   出口企业数量统计   单位：家

年度	样本	US			EU		ASIA		AF		OTH	
	(1)	(2)	(2)/(1)	(3)	(3)/(1)	(4)	(4)/(1)	(5)	(5)/(1)	(6)	(6)/(1)
2006	753	497	0.66	564	0.749	613	0.8141	393	0.5219	678	0.9004
2007	786	529	0.673	617	0.785	658	0.8372	455	0.5789	724	0.9211
2008	838	547	0.6527	644	0.7685	706	0.8425	476	0.5680	778	0.9284
2009	886	570	0.6433	684	0.772	728	0.8217	507	0.5722	812	0.9165
2010	1 227	824	0.6716	974	0.7938	1 028	0.8378	718	0.5852	1 128	0.9193
2011	1 382	932	0.6744	1 097	0.7938	1 165	0.8430	824	0.5962	1 294	0.9363
2012	1 413	961	0.6801	1 113	0.7877	1 179	0.8344	837	0.5924	1 319	0.9335
2013	1 446	978	0.6763	1 116	0.7718	1 214	0.8396	838	0.5795	1 354	0.9364
2014	1 562	1 067	0.6831	1 228	0.7862	1 297	0.8303	904	0.5787	1 465	0.9379
2015	1 584	1 103	0.6963	1 238	0.7816	1 304	0.8232	910	0.5745	1 484	0.9369
2016	1 937	1 349	0.6964	1 501	0.7749	1 586	0.8188	1 123	0.5798	1 809	0.9339

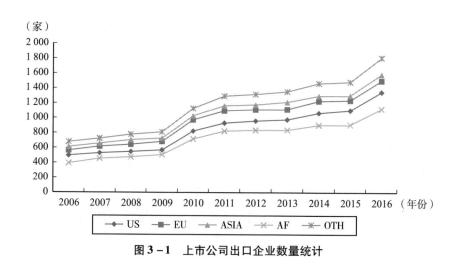

图3-1   上市公司出口企业数量统计

二、中国上市企业出口金额描述性统计

表3-2统计了我国2006～2016年上市公司出口总金额。从整体出口

金额来看，2006 年我国上市公司出口总额为 3 192.794 亿元，在受 2008 年金融危机影响后，2009 年出现小幅下跌，之后整体依旧呈上升趋势，到 2016 年上市公司出口总额达 1.245 万亿元，可以看出近些年我国出口额出现显著增加。在 2006 年，出口到美国的金额达到 558.049 亿元，占总出口金额的 17.5%；出口至欧盟发达国家的金额为 568.118 亿元，占总出口金额的 17.8%；出口至亚洲发达国家和地区的金额为 875.092 亿元，占总出口金额的 27.4%；出口至非洲国家的金额为 117.315 亿元，占总出口金额的 3.7%；出口至剩余其他国家的金额为 1 074.220 亿元，占总出口金额的 33.6%。到 2016 年，出口美国金额已增长至 1 907.666 亿元，占总出口额的 15.3%；出口至欧盟发达国家的金额增长至 1 748.665 亿元，占总出口额的 14.0%；出口至亚洲发达国家的金额增长至 2 827.823 亿元，占总出口金额的 22.7%；出口至非洲国家的金额增长至 624.092 亿元，占比 5.0%；出口至其他国家的金额增长至 5 342.337 亿元，占比 42.9%。从占比来看，出口至其他新兴国家的份额逐渐升高，出口至欧美等发达国家的占比略微出现下滑。由表 3 - 2 和图 3 - 2 均可以看出，出口美国的总金额与整个欧盟发达国家相持平，远高于出口所有非洲国家的总金额，这再次证明美国是我国重要的出口贸易对象，在我国出口贸易中有重要的地位，因此本书主要针对中美贸易关系进行研究。

三、中国上市企业出口份额描述性统计

表 3 - 3 对上市公司出口份额即每年对不同组别出口金额占其总营业收入的比重进行了统计。可以看出，总样本中上市公司出口额占比（RATIO）的均值为 14.96%，其中占比最少为 2009 年的 13.11%，样本期间基本稳定在 13% ~ 18%，2012 年占比最高达到 17.89%。其中，出口美国的金额占总营业收入的比重平均为 2.59%，美国作为单一国家，与出口欧洲组别占比持平，远远多于出口非洲组，说明美国是我国重要的出口对象。出口欧洲发达国家的金额占比平均为 2.78%，出口亚洲发达国家和地区占比平均为 3.50%，出口非洲国家的占比较少只有 0.59%，出口其他剩余国家

表 3 - 2　　上市公司出口金额统计

单位：亿元

年度	金额 (1)	US 金额 (2)	(2)/(1)	EU 金额 (3)	(3)/(1)	ASIA 金额 (4)	(4)/(1)	AF 金额 (5)	(5)/(1)	OTH 金额 (6)	(6)/(1)
2006	3 192.794	558.049	0.175	568.118	0.178	875.092	0.274	117.315	0.037	1 074.220	0.336
2007	4 423.408	672.005	0.152	814.652	0.184	1 112.655	0.252	211.853	0.048	1 612.243	0.364
2008	5 430.017	695.510	0.128	968.530	0.178	1 442.872	0.266	333.851	0.061	1 989.255	0.366
2009	3 849.670	476.013	0.124	616.597	0.160	1 024.965	0.266	268.323	0.070	1 463.770	0.380
2010	6 871.043	933.127	0.136	1 196.223	0.174	1 536.643	0.224	484.118	0.070	2 720.932	0.396
2011	8 764.395	1 113.848	0.127	1 437.537	0.164	2 118.337	0.242	522.967	0.060	3 571.705	0.408
2012	9 720.114	1 534.786	0.158	1 459.454	0.150	2 245.278	0.231	537.110	0.055	3 943.486	0.406
2013	9 583.343	1 496.833	0.156	1 413.670	0.148	2 137.701	0.223	578.358	0.060	3 956.781	0.413
2014	9 694.615	1 410.340	0.145	1 339.136	0.138	2 133.970	0.220	587.205	0.061	4 223.964	0.436
2015	9 881.996	1 416.892	0.143	1 360.576	0.138	2 249.392	0.228	571.313	0.058	4 283.825	0.433
2016	12 450.584	1 907.666	0.153	1 748.665	0.140	2 827.823	0.227	624.092	0.050	5 342.337	0.429

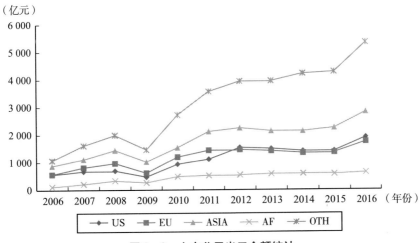

图 3 - 2　上市公司出口金额统计

的金额占总营业收入的 5.49% 。从该数据可以看出，虽然美国是我国重要的出口国，但是对于企业总收入来讲，平均来看出口美国的收入仅占总收入的很小一部分，当中美贸易摩擦发生时，虽然会对企业出口格局产生较大影响，但是对于企业短期业绩并不一定会造成很大的波动。

表 3 - 3　　　　　　　　　　上市公司出口份额统计

年度	样本数	占比	US 占比	EU 占比	ASIA 占比	AF 占比	OTH 占比
2006	753	0.1440	0.0239	0.0237	0.0420	0.0066	0.0478
2007	786	0.1576	0.0270	0.0294	0.0415	0.0068	0.0530
2008	838	0.1600	0.0246	0.0311	0.0399	0.0075	0.0568
2009	886	0.1311	0.0224	0.0233	0.0363	0.0051	0.0440
2010	1 227	0.1627	0.0275	0.0344	0.0380	0.0058	0.0569
2011	1 382	0.1639	0.0264	0.0341	0.0365	0.0055	0.0613
2012	1 413	0.1789	0.0307	0.0347	0.0381	0.0071	0.0682
2013	1 446	0.1651	0.0285	0.0304	0.0329	0.0068	0.0666
2014	1 562	0.1478	0.0265	0.0267	0.0300	0.0058	0.0588
2015	1 584	0.1423	0.0263	0.0258	0.0278	0.0058	0.0565

年度	样本数	占比	US 占比	EU 占比	ASIA 占比	AF 占比	OTH 占比
2016	1 937	0.1444	0.0271	0.0253	0.0285	0.0055	0.0581
总计	16 342	0.1496	0.0259	0.0278	0.0350	0.0059	0.0549

四、数据代表性

本书使用上市出口企业作为研究对象，因此讨论上市公司样本的数据代表性。其中表 3-4 第（3）列总出口额代表中国当年企业总出口金额，第（4）列代表上市企业当年总出口金额，第（6）列的占比表示上市公司出口额占总出口额的比重。可以看出，从 2006 年到 2016 年维持在 4%～9%，说明我国上市公司的出口额仅占总出口额的一小部分，而非上市企业是我国进行出口的主力军，这对本书数据代表性产生了一定的挑战。但是，本书选取上市公司作为研究对象的原因是，首先，从海关数据库获得对应出口数据，并将海关出口数据映射到上市公司，本书实现了这一数据关联，此时可以利用上市公司在创新、公司特征、公司财务等方面披露的公开数据信息，深入探究贸易摩擦对企业投资的影响和机制。另外，多数上市公司是我国优秀企业的代表，同时也是技术创新的主力。最后，经统计发现，我国有近 60% 的上市公司有出口业务，其中又有近 70% 的企业有出口美国业务，因此认为本书数据具有一定的优势和代表性。

表 3-4　　　　　　　　　上市公司出口额占总出口额比例

年份	总出口额（亿美元）	汇率	总出口额（亿元）	上市公司总出口额（亿元）	上市公司出口美国金额（亿元）	上市公司出口额占比	上市公司出口美国金额占比
	(1)	(2)	(3)	(4)	(5)	(6)	(7)
2006	9 645.274	7.8075	75 305.48	3 192.794	558.0492	0.042	0.007
2007	11 708.995	7.3041	85 523.67	4 423.408	672.005	0.052	0.008
2008	13 538.114	6.823	92 370.55	5 430.017	695.51	0.059	0.008

年份	总出口额（亿美元）	汇率	总出口额（亿元）	上市公司总出口额（亿元）	上市公司出口美国金额（亿元）	上市公司出口额占比	上市公司出口美国金额占比
	(1)	(2)	(3)	(4)	(5)	(6)	(7)
2009	11 050.987	6.827	75 445.09	3 849.67	476.013	0.0510	0.006
2010	14 745.154	6.6025	97 354.88	6 871.043	933.127	0.071	0.010
2011	17 559.874	6.2939	110 520.1	8 764.395	1 113.848	0.079	0.010
2012	19 294.577	6.2303	120 211	9 720.114	1 534.786	0.081	0.013
2013	20 227.361	6.054	122 456.4	9 583.343	1 496.833	0.078	0.012
2014	23 425.130	6.2061	145 378.7	9 694.615	1 410.34	0.067	0.010
2015	22 744.943	6.4936	147 696.6	9 881.996	1 416.892	0.067	0.010
2016	20 998.978	6.945	145 837.9	12 450.584	1 907.666	0.085	0.013

第二节　中美贸易摩擦数据描述性统计

对于中美贸易摩擦数据，本书主要通过手工收集贸易救济信息网中美国对中国提起的贸易救济诉讼案件信息并追踪每一起案件发展情况，在本章中分别针对案件数量、涉案时间、涉案行业、案件类型、案件状态等信息进行了统计。

一、贸易救济案件数量统计

（一）按国家统计

首先从国家和地区与我国贸易摩擦状态来看，2006～2023 年全球对中国发起的贸易救济诉讼案件共 1 666 起，其中反倾销案件 1 151 起，占比 69.09%；反补贴案件 209 起，占比 12.55%；保障措施案件 285 起，占比 17.11%；特别保障措施 21 起，占比 1.26%。图 3-3 列示了 2006～2023

年对我国发起的贸易救济诉讼案件的申诉国家分布，按照国别进行统计之后可以看出，印度和美国是对我国提起贸易救济诉讼最多的国家；排在第三位的是欧盟，前十位中紧随其后的分别是阿根廷、土耳其、巴西、澳大利亚、加拿大、印度尼西亚和墨西哥。通过该统计可以看出，美国不仅是我国最大的贸易伙伴国，同时也是与我国发生贸易摩擦非常频繁的国家。

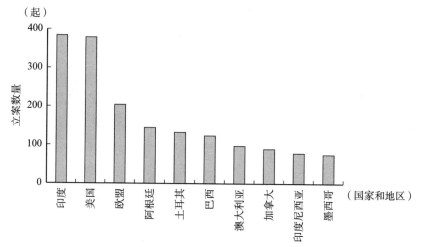

图 3-3 2006~2023 年世界各国对我国发起贸易救济诉讼案件数量统计

（二）按时间统计

由表 3-5 可看出，2006~2023 年美国共对我国提起贸易救济诉讼 247 起。在该样本期间内有两次高峰期，一次是在 2007~2009 年，受次贷危机的影响，美国加剧了国内贸易保护主义情绪，与我国贸易关系较为紧张，在 2007 年贸易救济案件突增至 19 起，2009 年更是达到了 23 起。随后 2010~2015 年对我国提起的贸易救济诉讼案件数量稳定在每年 15 起以下。自 2015 年我国提出《中国制造 2025》后，美国对其领先地位和霸权地位感受到巨大威胁，且随着美国对华贸易逆差的不断增加，2016 年以来中美贸易关系再次紧张起来，2016~2020 年五年间就提起 104 起贸易救济诉讼，2018 年最多共有 26 起，进入中美贸易摩擦高峰期。2021 年之后摩擦放缓。

表 3 – 5　　　　　　　　**按时间统计美国对我国贸易救济案件数量**

年份	案件数（起）	占比（%）
2006	4	1.62
2007	19	7.69
2008	15	6.07
2009	23	9.31
2010	6	2.43
2011	9	3.64
2012	8	3.24
2013	11	4.45
2014	14	5.67
2015	11	4.45
2016	20	8.10
2017	22	8.91
2018	26	10.53
2019	14	5.67
2020	22	8.91
2021	8	3.24
2022	3	1.21
2023	12	4.86
总计	247	100

（三）按行业统计

图 3 – 4 按照涉案行业对案件数量和涉案产品进行了统计，可以看出，从行业来看，最多被提起诉讼的是金属制品工业（C33），共被美国诉讼 70 次，涉案产品包括钢钉、钢制螺杆、钢格板、钢丝层板、高压钢瓶等；其次是化学制品和原料工业（C26），被诉讼 37 次，涉案产品包括亚硝酸钠、钾磷酸盐和钠磷酸盐、次氯酸钙、三聚氰胺等；再次是钢铁行业、通用设备、非金属、橡胶、电器机械和器材，涉案产品有复合编织袋、乘用车和轻型货车轮胎、塑料装饰丝带、橡皮筋等；而农产品行业（C13）、食品行业（C14）、家具工业（C21）是被美国提起诉讼最少的行业。从表 3 – 6

中也可以看出，美国的贸易制裁主要针对我国技术含量较高的产品，对技术含量较低的农产品等制裁较少，这也一定程度上说明我国出口产品的技术含量不断提高而且出口呈现迅猛增长的态势，这正是令美国等西方国家感到威胁的原因。

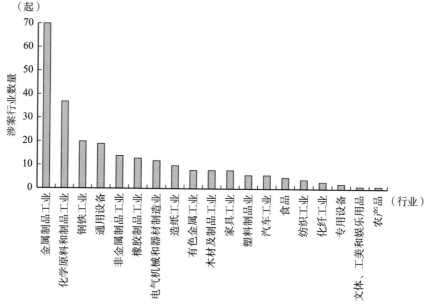

图 3－4　2006～2023 年按行业统计中美贸易救济案件数量

二、贸易救济案件类型统计

2006～2023 年，美国对中国发起的贸易救济案件共 247 起。这些贸易救济案件中包括四种类型，分别是反倾销、反补贴、保障措施和特别保障措施。其中，反倾销指的是进口国对外国商品在本国市场上的低价销售所采取的抵制措施。为了避免外国商品在本国市场进行低价倾销并损害本国产业，进口国会通过增加"反倾销税"进行抵制，主要是指该国在征收一般的进口税以外还会再增加附加税来增加出口国的出口成本。由表 3－6 的统计可以看出，我国在 2006～2023 年共被提起反倾销诉讼 132 起，占比达

53.44%，是占比最多的贸易救济案件类型。反补贴是指进口国政府针对出口国政府的补贴行为进行的抵制措施，该措施会使出口产品在进口国市场低价销售，进而损害进口国相关产业发展，包括临时措施、承诺征收反补贴税。统计看出反补贴案件共 111 起，占比为 44.94%。保障措施是一种执行条件和程序都较为严格的措施，它是针对正常贸易进行的，在对国内产业产生严重损害，或对一国国际收支平衡带来严重影响的紧急情况下才被采用的进口限制措施，是在对产业损害程度达到"严重损害"时才使用的。由表 3－6 的统计看出我国有关保障措施的案件只有 3 起，占比为1.21%，特别保障措施案件只有 1 起，占比为 0.40%。可见美国对我国提起的贸易救济诉讼以反倾销、反补贴的"双反"为主，极少被提起保障措施诉讼（见表 3－6、图 3－5）。

表 3－6　　　　　　　　　中美贸易救济案件类型统计

案件类型	案件数（起）	占比（%）
反倾销案件	132	53.44
反补贴案件	111	44.94
保障措施	3	1.21
特别保障措施	1	0.40
总计	247	100

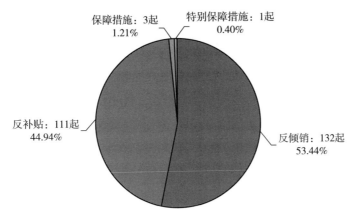

图 3－5　中美贸易救济案件类型统计

第三节　本章小结

　　为更加清晰地了解我国出口贸易以及中美贸易摩擦的现状，本章对出口贸易数据与中美贸易救济案件数据进行了统计，在出口数据中，对上市公司出口数量、出口金额、出口份额、数据代表性进行了统计，根据统计可以看出，出口美国的数量和金额与整个欧盟发达国家持平，远高于出口所有非洲国家，说明美国是我国重要的出口贸易对象，在我国出口贸易中有重要的地位，因此本书也主要针对中美贸易关系进行研究；在中美贸易摩擦数据中，对贸易救济案件的案件数量、涉及时间、涉案行业、涉案产品、案件类型、案件状态均进行了统计，数据显示美国同时也是对我国进行贸易制裁的主要国家，且主要针对我国技术含量较高的产品进行反倾销与反补贴的贸易制裁，截至 2018 年大部分案件仍处于正在实施措施阶段。通过这些统计数据，可以较为细致地了解贸易救济案件的发展状态，以帮助后续更加准确地对中美贸易摩擦的经济后果进行研究。

第四章 中美贸易摩擦对出口的直接影响

第一节 问题提出

近年来，随着中美贸易关系的快速发展，双边贸易摩擦也呈现日益加剧的趋势。美国作为我国重要的出口市场，贸易关系恶化给中国市场带来了一系列的经济后果。面对反倾销调查激增及贸易纠纷加剧，美国多次对华产品加征关税，关税的不断变化使中国企业面临着较高的贸易环境不确定性，企业出口美国难度增大，此起彼伏的中美贸易摩擦不断蚕食我国出口美国企业的海外利润，进而导致中国企业的发展甚至中国外部出口市场以及内部产品市场均面临着一定的负面挑战。

面对日益严峻的中美贸易摩擦造成的出口美国受阻，我国不少企业将积极开拓美国以外的出口市场或转向国内市场作为其应对之策，多家上市公司均表示正在拓展全球布局，或将销售中心向欧洲国家、金砖国家转移，且中国有着巨大的内需市场，国内市场可以消化一部分以往出口的产品。以家电龙头企业 TCL 为例，其在 2018 年年报中向投资者披露"公司积极开拓全球市场，加速全球化业务布局，突破欧洲市场，拓展印度和俄罗斯业务，以应对各种贸易争端，保持全球业务持续稳定增长"。2018 年以来，TCL 相关产品在俄罗斯市场的销量已上升 30%。三花智控公司负责人表示，美国是公司重要的出口国，近几年企业对美出口额约占销售总额的 15%，为应对贸易摩擦对公司的影响，公司已开展全球化布局，开拓墨西哥等地的新市场。可以看出，开拓其他海外市场是企业应对中美贸易摩擦的重要策略之一。

在贸易摩擦造成的影响中，最直接且最为重要的，就是反倾销等手段造成的"贸易转移效应"和"贸易抑制效应"，这也是继续分析贸易摩擦经济后果的前提。在已有研究中，已有很多文献讨论贸易摩擦所带来的"贸易抑制效应"和"贸易转移效应"，但研究结论并未达成一致。究其原因，是因为研究数据与研究方法的不同，已有文献有的采用案例研究法探讨某一行业在遭遇贸易摩擦时所产生的直接效应（沈国兵，2008；冯宗宪和向洪金，2010），或采用理论模型进行推导（王孝松等，2014），还有研究采用国家、地区或行业层面数据，从宏观层面探究贸易摩擦对国家总体出口或特定行业出口转移效应的影响，这无法进一步对其微观机制进行深入分析，也无法控制企业异质性对结果带来的影响，因此可能造成已有结论的不一致，而且在已有文献中，缺乏来自微观企业层面的证据。

检验贸易摩擦对出口的直接影响是进一步分析贸易摩擦经济后果的前提，因此本章将探讨贸易摩擦的直接效应。本章从中国上市公司视角出发，利用中国海关数据库与上市公司数据进行匹配获得上市公司对每个国家的具体出口额，进一步将出口目的国根据发达程度分为美国、欧洲发达国家、亚洲发达国家和地区、非洲国家及其他国家五组，利用该数据从微观企业层面考察中美贸易摩擦对我国上市公司出口贸易格局带来的直接影响：（1）中美贸易摩擦是否导致中国出口企业的"贸易抑制效应"和"贸易转移效应"，即是否抑制了对美国的出口？以及是否进行了出口对象的转移？（2）若发生贸易转移效应，出口对象主要转向哪些国家和地区？还是会转移至国内市场？抑或两者兼而有之？

第二节　理论分析与假设提出

大量研究从发起反倾销角度探讨了反倾销措施实施国家的贸易转移效应，但是不同研究得到的结论并不一致。普鲁萨（Prusa，2001）发现美国反倾销措施使没有被美国提起诉讼的国家增加了对美出口量，增加比例达到40%～60%，说明发生了明显的贸易转移效应。布兰顿（Bronten，2001）通过对 1989～1994 年欧盟发起的 98 起反倾销案件进行统计分析，发现欧盟反倾销措施具有显著的贸易转移效应，然而尼尔斯（Niels，2003）对发展中国家——墨西哥反倾销措施的贸易效应展开研究，其结果没有发现明显的转移效应，与尼尔斯（2003）结论一致的是拉斯加尼（Lasgani，2000）对欧盟 1982～1992 年部分反倾销案例进行的分析，结果表明欧盟反倾销措施的贸易转移效应非常有限。

也有部分文献研究我国被反倾销之后对特定行业贸易转移效应的影响。胡麦秀和严明义（2005）研究发现反倾销措施引起了出口国市场的贸易转移效应，发现对于被提起反倾销的欧盟市场，中国彩电出口量明显降低，而对于未对中国提起反倾销的市场如日本、美国、澳大利亚、阿联酋等国，彩电出口量在这些出口市场发生了显著增加。沈国兵（2008）通过案例研究探究了美国对中国木质卧室家具反倾销的贸易转移效应，研究发现：对木质卧室家具的反倾销措施导致美国对中国进口的减少，而增加了向越南、马来西亚和印度尼西亚进口的增加。冯宗宪和向洪金（2010）利用 2002～2007 年欧美国家对华纺织品出口商品的 8 位和 10 位商品编号反倾销案例的月度数据，发现对华反倾销措施引致指控国的产品进口由中国转移至韩国、印度等竞争国，而且促使中国涉案产品向第三方市场出口量增加。李和惠利（2010）认为当反倾销制裁对中国企业带来负面冲击时，企业可以将生产重点转向国内市场，或扩大对其他国家的出口规模来进行应对，但并未对其进行实证检验。帕克（Park，2009）发现反倾销措施对中国具有显著的贸易转移效应和贸易萧条效应。鲍恩和克劳利（Bown and Crowley，2010）利用 1992～2001 年数据分析了反倾销后关税的增加对中国出口的影响，发现贸易萧条效应并不明显，而是增加了贸易转移效应。而蒋为和孙浦阳（2016）采用 DID 方法研究发现，美国反倾销制裁实施后，中国企业同时在被制裁和未被制裁的出口上均发生显著下滑；与此同时，企业经营绩效严重下滑，融资成本显著升高，导致同时对别国出口也发生影响。可见，贸易摩擦究竟会如何影响我国企业出口布局还未形成统一的结论。

当我国出口产品被美国进行贸易制裁时，从出口企业角度出发，我国出口产品会被美国裁定征收高额的反倾销税或反补贴税，这些税额的增加会导致出口企业出口成本明显升高，出口利润就会下降，由于难以得到预期利润，我国出口企业就会降低向美国出口的意愿；另外，若企业想要维持一定的利润，便只能增加价格继续出口，但对于美国市场来讲，其他未被制裁国家的出口产品由于有相对更低的关税，出口成本也更低，所以这些出口产品更具有价格优势，导致美国市场对我国产品需求下降。因此，从供需两方面来讲，中美贸易摩擦均会导致我国出口美国份额减少，也就是对出口美国贸易会产生抑制效应。据此，提出本书假设：

H4-1：中美贸易摩擦会导致我国企业出口美国份额显著降低。

进一步，为了弥补出口美国市场受阻给企业带来的损失，且企业不愿意放弃海外市场，企业开始重新寻找其他未增加出口关税的市场进行出口，以维持出口利润，因此可能会产生贸易转移现象。由于开拓新出口市场和适应新出口市场特点需要也需要极大的成本，中短期内涉案产品出口方向便具有一定的刚性，在大国贸易条件下，该刚性特征会更为明显（陆圣，2006），因此企业更可能优先选择向已有的其他海外市场进行出口转移，而对于新出口市场在短期内贸易转移效应可能不会那么明显，并会优先选择市场结构、产品结构相似的市场作为替代市场，以减少在新出口市场中的磨合成本。据此，提出本书假设：

H4-2：中美贸易摩擦会导致我国企业出口贸易向其他国家市场转移。

第三节　研究设计

一、数据来源

本书数据样本期间为2006~2016年。本书选择2006年作为样本开始时间是因为相关数据从 2006 年起逐渐开始完善，选择 2016 年为截止时间是因为海关数据库中在公司层面的统计数据截止于 2016 年。出口数据源于中国海关数据库，该数据库中包括我国所有企业出口贸易的详细贸易信息，如企业名称、目的国、出口产品金额、出口产品名称、产品单价、产品数量、贸易类型、运输方式等。另外，为了将以上数据对应到我国上市公司，本书手工收集上市公司名称及其关联子公司名称信息，利用企业名称与海关数据库配对，最终获得 2006～2016 年上市公司 3 166 313 条出口贸易数据，对同年度同一上市公司出口贸易数据合并后，得到 13 672 条出口记录。该数据有助于深入考察中国面向全球的产品出口（Fatumetal，2018），因此除美国外，本书进一步根据发达程度将出口目的地分为欧洲发达国家、亚洲发达国家和地区、非洲国家和其他国家，以便探讨出口对象的转移。现有进出口研究主要采用宏观层面数据，本书可以利用海关数据细化到微观上市公司层面，且可以从出口金额、数量、具体出口产品等多个维度来进行衡量与检验，可以针对性地探讨对企业的具体影响。因此，本书的数据具有一定的独特性。

为了验证中美贸易摩擦造成的影响，本书依据嘉德赛（Godsell et al.，2017）主要针对贸易救济事件进行研究。贸易救济事件数据源于贸易救济信息网，手工整理每起美国对我国提起的贸易救济诉讼案件，追踪从立案到结案的整个诉讼期间，相比已有一些研究仅限于立案时点的研究更加完整，在确定贸易冲突期间后，将判断每一个行业是否处于被诉行业以及被诉期间；另外还使用出口美国关税是否大幅变动衡量贸易摩擦进行稳健性检验，数据取自美国关税总局披露的美国对中国进口关税数据，即中国公司所面临的出口关税情况①；其他控制变量数据源于 CSMAR 数据库和 Wind 数据库。

本书共得到具有出口贸易的初始数据 13 672 个公司—年度观测值，删除金融行业样本 99 个，由于本书针对中美贸易摩擦进行研究，本章中想要直接观测是否造成对美出口份额及其他国家出口份额的改变，因此只保留

----

①　参考 Huang Y.，R. Jennings and Y. Yu. Product Market Competition and Managerial Disclosure of Earnings Forecasts：Evidence from Import Tariff Rate Reductions ［J］. *The Accounting Review*，2017，92（3）：185－207，本书数据源于 http：//faculty. som. yale. edu/peterschott/。

了具有美国出口业务的样本，删除其他控制变量样本后最终获得回归样本
8 699 个公司—年度观测值。为避免异常值影响，本书对所有连续变量在
1% 和 99% 处进行了 Winsorize 处理。

二、研究模型

本书参照田等（Tian et al.，2014）采用多时点双重差分模型（DID）
检验中美贸易摩擦对我国企业出口贸易转移效应和贸易抑制效应的影响。
分别设立以下两个模型，模型（4.1）考察中美贸易摩擦是否会导致出口
美国份额减少；模型（4.2）检验中美贸易摩擦是否会将业务转移至其他
海外市场。为避免企业自身特征对回归结果的影响，本书所有回归均控制
了企业个体固定效应。

$$EXPORT\_US\_RATIO = \alpha_0 + \alpha_1 AD\_SHOCK + \alpha_2 CONTROL + \alpha_3 FIRM +$$
$$\sum YEAR + \sum INDUSTRY + \varepsilon \qquad (4.1)$$

$$EXPORT\_EU\_RATIO/EXPORT\_ASIA\_RATIO/EXPORT\_AF\_RATIO/$$
$$EXPORT\_OTH\_RATIO = \alpha_0 + \alpha_1 AD\_SHOCK + \alpha_2 CONTROL + \alpha_3 FIRM +$$
$$\sum YEAR + \sum INDUSTRY + \varepsilon \qquad (4.2)$$

三、变量定义

首先，由于出口企业可能会同时向多个国家进行出口，为便于探讨出
口贸易转移效应集中于哪些国家，需纳入全球国际贸易格局进行讨论。本
书根据发达程度将所有出口国家分为五组，分别是美国（US）、欧洲发达
国家（EU）、亚洲发达国家和地区（ASIA）、非洲国家（AF）及其他国家
（OTH）。其中，欧洲发达国家（EU）包括法国、德国、意大利、荷兰、
比利时、卢森堡、英国、丹麦、爱尔兰、希腊、葡萄牙、西班牙、奥地
利、瑞典、芬兰、捷克、匈牙利、澳大利亚、新西兰；亚洲发达国家和地
区（ASIA）包括日本、新加坡、韩国、以色列、中国香港；非洲国家即所

有非洲国家；其他国家（OTH）即为剩下的所有发展中国家。[①]

（一）因变量

因变量为企业出口不同国家组别金额所占比例。其中，$EXPORT\_US\_RATIO$ 代表当年出口美国金额占总营业收入的比例，$EXPORT\_EU\_RATIO$ 代表当年出口欧洲发达国家金额占总营业收入的比例，$EXPORT\_ASIA\_RATIO$ 代表当年出口亚洲发达国家和地区金额占总营业收入的比例，$EXPORT\_AF\_RATIO$ 代表当年出口非洲国家金额占总营业收入的比例，$EXPORT\_QT\_RATIO$ 代表当年出口其他国家金额占总营业收入的比例。$EXPORT\_RATIO$ 为当年出口总金额占总收入的比例。

（二）自变量

自变量代表中美贸易摩擦的外生事件，主要采用贸易救济事件进行衡量。若企业所在行业当年为美国对中国贸易摩擦立案调查涉案行业时，则 AD_SHOCK 取值为 1，否则取值为 0。之后还利用出口关税是否大幅增加进行稳健性检验，即参照 Huang et al.（2017），当企业所在行业出口关税相比上一年出口关税的增加值大于整体出口关税增加值中位数 3 倍以上，定义为该行业出口关税大幅增加，此时 $TARIFF\_SHOCK$ 取值为 1，否则为 0。

（三）控制变量

同时，本书控制了一系列控制变量，首先包括微观层面企业特征变量，如企业规模（$SIZE$）、资产负债率（LEV）、资产收益率（ROA）、自由现金流（CFO）、是否亏损（$LOSS$）、账面市值比（BM）、上市年龄（AGE）、产权性质（SOE）、融资约束程度（SA 指数）、研发投入（$R\&D$）；其次，还包括影响企业出口的相关变量，如是否为外资企业（FIE）、劳动生产率（$LABOR$）、外资持股（$QFII$）、员工薪酬水平（$WAGE$）、市场竞争

---

① 本书综合经合组织发展援助委员会、美国中央情报局、国际货币基金组织、世界银行及全球发展中心等机构根据人均国民生产总值、工业化水准和科学技术水准等指标确定的发达国家名单作为划分依据。本书所指国家包括国家和地区。

程度（*HHI*）；另外，还包括宏观经济层面的控制变量，如 Baker 经济不确定性指数（*UNCERTAIN*）及经济景气指数（*PI*）。同时，本书还控制了企业 *FIRM*、年度 *YEAR* 层面固定效应，以排除时间因素及公司自身特征对研究结论的影响。具体变量定义如表 4 - 1 所示。

表 4 - 1　　　　　　　　　　　　　**变量定义**

变量	变量释义
出口变量	
EXPORT_US_RATIO	出口美国份额 = 出口美国总金额 ÷ 总营业收入 × 100
EXPORT_EU_RATIO	出口欧洲发达国家和份额 = 出口欧洲发达国家总金额 ÷ 总营业收入 × 100
EXPORT_ASIA_RATIO	出口亚洲发达国家和地区份额 = 出口亚洲发达国家和地区总金额 ÷ 总营业收入 × 100
EXPORT_AF_RATIO	出口非洲国家份额 = 出口非洲发达国家总金额 ÷ 总营业收入 × 100
EXPORT_OT_RATIO	出口其他国家份额 = 出口其他国家总金额 ÷ 总营业收入 × 100
EXPORT_RATIO	出口总额占比 = 出口总金额 ÷ 总营业收入 × 100
贸易摩擦变量	
AD_SHOCK	企业所属行业处于贸易救济事件调查期间时取值为 1，否则为 0
TRADE_SHOCK	当所在行业出口关税相比上一年出口关税的增加值大于整体出口关税增加值中位数 3 倍以上，定义为该行业出口关税大幅增加，*TRADE_SHOCK* 取值为 1，否则为 0
控制变量	
SIZE	总资产对数
LEV	资产负债率
ROA	资产收益率
CFO	自由现金流
SOE	产权性质，国有企业取值为 1，否则为 0
LOSS	企业当年发生亏损取值为 1，否则为 0
AGE	Ln（企业上市年数 + 1）
BM	账面市值比
R&D	研发投入占总收入比
FIE	是否为外资企业

续表

变量	变量释义
控制变量	
LABOR	劳动生产率，人均销售额的对数，劳动生产率 = ln（企业销售额 ÷ 全职员工总数）
QFII	外资持股比例
HHI	赫芬达尔指数
WAGE	员工薪酬水平 = 总薪酬 ÷ 职工人数
UNCERTAIN	根据 Baker（2016），经济不确定性指数
PI	经济景气指数
YEAR	年度固定效应
FIRM	公司个体固定效应

第四节　实证结果与分析

一、描述性统计

表 4 - 2 为本章变量的描述性统计结果。在本书具有出口美国业务样本中，我国上市公司出口美国份额占比均值为 3.6000%，最小值接近 0，最大值为 35.4890%，说明美国作为出口市场对于不同企业的重要程度具有较大差异；出口欧盟发达国家份额占比均值为 3.9058%，最小值为 0，最大值为 32.3470%；出口亚洲发达国家和地区份额占比均值为 4.0634%，最小值为 0，最大值为 44.6470%；出口非洲国家份额占比最小，均值为 0.6179%，最大值也只有 8.0309%；出口其他国家份额占比均值为 7.2502%，最大值为 38.7330%。从该五组出口份额占比可以看出，出口美国一个国家的份额就可以与其他包含多个国家的组别相当，且远远高于非洲国家，由此可以说明美国是我国重要的出口市场。

表 4 – 2   描述性统计结果

变量	N	MEAN	SD	P25	P50	P75	MIN	MAX
EXPORT_US_RATIO	8 699	3. 6000	6. 9094	0. 0702	0. 5997	3. 3393	0. 0000	35. 4890
EXPORT_EU_RATIO	8 699	3. 9058	6. 6857	0. 1115	0. 9483	4. 3705	0. 0000	32. 3470
EXPORT_ASIA_RATIO	8 699	4. 0634	7. 6730	0. 1632	1. 0207	4. 0387	0. 0000	44. 6470
EXPORT_AF_RATIO	8 699	0. 6179	1. 3517	0. 0000	0. 0604	0. 5314	0. 0000	8. 0309
EXPORT_OT_RATIO	8 699	7. 2502	8. 6681	0. 8733	4. 0090	10. 3320	0. 0000	38. 7330
AD_SHOCK	8 699	0. 6147	0. 4867	0. 0000	1. 0000	1. 0000	0. 0000	1. 0000
SIZE	8 699	21. 9300	1. 2118	21. 0770	21. 7610	22. 5720	18. 8850	25. 7140
ROA	8 699	0. 0376	0. 0556	0. 0139	0. 0362	0. 0647	– 0. 2493	0. 2106
LEV	8 699	0. 4429	0. 2125	0. 2794	0. 4384	0. 5995	0. 0465	1. 2919
CFO	8 699	0. 0445	0. 0684	0. 0072	0. 0438	0. 0851	– 0. 2114	0. 2608
LOSS	8 699	0. 1508	0. 3579	0. 0000	0. 0000	0. 0000	0. 0000	1. 0000
BM	8 699	0. 8551	0. 7685	0. 3725	0. 6110	1. 0409	0. 0776	4. 5472
AGE	8 699	1. 9600	0. 8467	1. 3863	2. 0794	2. 6391	0. 0000	3. 1355
SOE	8 699	0. 4336	0. 4956	0. 0000	0. 0000	1. 0000	0. 0000	1. 0000
SA	8 699	– 5. 7097	0. 8546	– 6. 1662	– 5. 5966	– 5. 1050	– 8. 3491	– 3. 6272
R&D	8 699	0. 0273	0. 0301	0. 0011	0. 0238	0. 0398	0. 0000	0. 1978
UNCERTAIN	8 699	1. 7833	0. 8956	1. 1390	1. 7064	1. 8129	0. 7327	3. 6483
PI	8 699	0. 8867	0. 1717	0. 7070	0. 9070	0. 9870	0. 6730	1. 2130
FIE	8 699	0. 0444	0. 2059	0. 0000	0. 0000	0. 0000	0. 0000	1. 0000
HHI	8 699	0. 2565	0. 0657	0. 2171	0. 2307	0. 2722	0. 2020	0. 6693
LABOR	8 699	14. 1840	1. 2848	13. 3300	14. 0530	14. 8770	9. 6311	17. 9180
WAGE	8 699	9. 5905	1. 5992	8. 7346	9. 5936	10. 5630	2. 4319	13. 7380

从贸易摩擦变量来看，AD_SHOCK 均值为 0. 6147，说明样本中有 61. 47% 的企业所在行业在样本期间处于被美国贸易救济案件诉讼期间，说明出口美的上市公司超过一半所在行业均受到了中美贸易摩擦的影响。

从其他控制变量可以看出，企业规模（*SIZE*）的均值为 21.9300，资产收益率（*ROA*）均值为 0.0376，资产负债率（*LEV*）均值为 0.4429，经营现金流（*CFO*）均值为 0.0445，有 15.08% 的企业发生了企业亏损（*LOSS*），有 43.36% 的企业为国企（*SOE*），融资约束指数（*SA*）均值为 -5.7097，研发投入占比（*R&D*）均值为 0.0273，有 4.44% 的企业为外资企业，平均劳动生产率（*LABOR*）为 14.1840，平均薪酬水平（*WAGE*）为 9.5905。从宏观层面控制变量来看，本书样本中宏观经济不确定性指数（*UNCERTAIN*）的均值为 1.7833，经济景气指数（*PI*）均值为 0.8867。这些变量统计与已有文献均保持一致。

二、主回归结果

（一）中美贸易摩擦对美国出口份额的影响

本章首先利用模型（4.1）检验中美贸易摩擦对出口美国贸易是否具有抑制效应，即当企业所在行业处于美国贸易救济事件诉讼期间时，是否会对企业出口美国的份额产生影响。该检验自变量为出口美国企业所在行业是否处于美国贸易救济诉讼案件诉讼期内，若处于该期间则 *AD_SHOCK* 取值为 1，认为企业面临中美贸易摩擦的影响，否则 *AD_SHOCK* 取值为 0；因变量为企业出口美国金额占其总营业收入的比例。表 4 - 3 第（1）列单变量回归结果显示，*AD_SHOCK* 系数在 5% 的水平上显著为负，初步说明所在行业受到中美贸易摩擦影响时，具有美国出口业务的企业会显著降低出口美国份额；第（2）列在加入相关企业特征、影响出口及宏观经济层面的控制变量后，*AD_SHOCK* 系数依旧在 5% 水平上显著为负，说明当企业处于美国贸易救济事件诉讼期间时，企业出口美国的难度和成本增加，会直接造成企业对美国出口份额的减少。本检验从微观企业层面证明了中美贸易摩擦会对中国出口美国贸易具有一定的抑制效应，H4 - 1 得到验证。

表 4 - 3   中美贸易摩擦与出口美国份额

变量	(1)	(2)
	EXPORT_US_RATIO	EXPORT_US_RATIO
AD_SHOCK	−1.020 *** (−3.36)	−0.991 *** (−3.11)
SIZE		−4.722 (−0.27)
ROA		−1.956 (−1.55)
LEV		−0.815 * (−1.72)
CFO		1.138 (1.49)
LOSS		−0.120 (−0.73)
BM		−0.008 (−0.07)
AGE		−0.038 (−0.04)
SOE		0.201 (0.57)
SA		−6.382 (−0.25)
R&D		−2.883 (−0.97)
UNCERTAIN		0.210 *** (2.58)
PI		−1.425 (−1.46)
FIE		0.885 * (1.81)

续表

变量	(1)	(2)
	EXPORT_US_RATIO	EXPORT_US_RATIO
HHI		0.283 (0.32)
LABOR		-0.615^{***} (-3.43)
WAGE		-0.089 (-1.42)
_cons	4.277^{***} (16.63)	81.830 (0.34)
INDUSTRY	YES	YES
YEAR	YES	YES
FIRM	YES	YES
N	8 699	8 699
F	9.903	8.006

注:***、**、*分别表示在1%、5%和10%的水平上显著,括号内为t值。

(二) 中美贸易摩擦对其他国家出口份额的影响

从前面结果发现,中美贸易摩擦会降低我国企业对美国的出口份额,说明对美国出口贸易确实产生了抑制效应,接下来本章将进一步讨论中美贸易摩擦导致出口美国受阻后,企业是否将出口目标转移至其他海外市场?哪个市场更可能成为美国的替代市场?本书将除美国外的出口市场分为欧洲发达国家、亚洲发达国家和地区、非洲国家和其他国家四组,并分别计算企业出口至这四组的出口总额占其营业收入的比重,检验当企业所在行业处于美国对中国贸易救济事件诉讼期时,对其他四组出口份额的影响。

表4-4回归结果第(1)列显示,当企业所在行业处于美国救济案件诉讼期时,对于欧洲发达国家出口份额,AD_SHOCK 系数在5%水平上显著为正,说明在经历中美贸易摩擦时,我国上市公司增加了对欧洲发达国家的出口份额;表4-4第(2)~第(4)列 AD_SHOCK 系数均不显著,说

明在中美贸易摩擦期间，对于亚洲发达国家和地区、非洲国家和其他国家组的出口份额并没有显著影响。该结果说明在中美贸易摩擦时，我国的对外出口贸易确实发生了转移效应，欧洲发达国家成为企业替代美国出口的主要目标市场。本书认为可能的原因是由于中国对欧美出口产品及贸易结构具有高度相似性，中国对美国、欧盟出口规模最大的前6类产品名称几乎完全一致，主要反映在通信设备、数据处理设备、家具、婴儿车及玩具、办公用品以及电气机械设备几个方面（岑丽君，2015）。且欧盟发达国家与美国均处于全球价值链（GVC）的高端位置，其市场结构和产品特点具有较强的相似性，因此欧洲发达国家市场更适合承接出口美国产品，适应新市场的磨合成本较小。而对于其他组别市场，市场特点与客户结构均与美国存在较大差异，开辟新市场本身需要较高成本，且产品不一定能够快速适应新的市场结构，无法对贸易摩擦造成的影响进行转移，因此在出口美国遇到困难时，我国企业会选择转移至与美国市场有着高度相似性的欧盟发达国家进行出口以尽量弥补在美国市场由于贸易摩擦所遭受的损失。该检验从微观企业层面证明了中美贸易摩擦发生时会对我国出口贸易产生一定的贸易转移效应，且欧洲发达国家市场是美国市场的替代目标市场。

表4-4 中美贸易摩擦与出口其他国家份额

变量	(1) EXPORT_ EU_ RATIO	(2) EXPORT_ ASIA_ RATIO	(3) EXPORT_ AF_ RATIO	(4) EXPORT_ OT_ RATIO
AD_ SHOCK	0.667** (2.21)	-0.170 (-0.47)	0.039 (0.55)	-0.271 (-0.67)
SIZE	2.468 (0.15)	-38.511* (-1.94)	-4.686 (-1.21)	-1.692 (-0.08)
ROA	-0.888 (-0.75)	0.005 (0.00)	0.009 (0.03)	-1.836 (-1.15)
LEV	-1.008** (-2.26)	-0.218 (-0.41)	0.274*** (2.63)	-0.285 (-0.48)

变量	（1）EXPORT_ EU_ RATIO	（2）EXPORT_ ASIA_ RATIO	（3）EXPORT_ AF_ RATIO	（4）EXPORT_ OT_ RATIO
CFO	0.381 （0.53）	3.208 *** （3.72）	0.081 （0.48）	2.080 ** （2.15）
LOSS	0.188 （1.22）	－0.118 （－0.64）	0.055 （1.52）	0.244 （1.18）
BM	－0.165 （－1.54）	0.138 （1.08）	0.016 （0.63）	0.181 （1.27）
AGE	0.041 （0.04）	－2.453 ** （－2.11）	－0.270 （－1.19）	0.057 （0.04）
SOE	－0.491 （－1.48）	－1.358 *** （－3.42）	0.129 * （1.67）	0.361 （0.81）
SA	2.740 （0.11）	－56.704 ** （－1.98）	－6.729 （－1.21）	－2.420 （－0.08）
R&D	－0.027 （－0.01）	2.478 （0.73）	0.394 （0.60）	3.793 （1.00）
UNCERTAIN	0.024 （0.31）	0.014 （0.15）	0.002 （0.12）	0.300 *** （2.90）
PI	1.553 * （1.68）	3.484 *** （3.15）	－0.088 （－0.41）	－3.414 *** （－2.76）
FIE	0.079 （0.17）	0.670 （1.21）	－0.098 （－0.91）	1.119 * （1.80）
HHI	0.114 （0.13）	－0.575 （－0.57）	0.156 （0.79）	0.174 （0.15）
LABOR	－0.928 *** （－5.49）	－1.718 *** （－8.50）	－0.049 （－1.24）	－1.652 *** （－7.29）
WAGE	－0.016 （－0.27）	0.241 *** （3.39）	－0.027 * （－1.96）	－0.099 （－1.24）
_cons	－22.820 （－0.10）	549.170 ** （2.00）	66.214 （1.24）	56.248 （0.18）

续表

变量	(1) EXPORT_ EU_ RATIO	(2) EXPORT_ ASIA_ RATIO	(3) EXPORT_ AF_ RATIO	(4) EXPORT_ OT_ RATIO
INDUSTRY	YES	YES	YES	YES
YEAR	YES	YES	YES	YES
FIRM	YES	YES	YES	YES
N	8 699	8 699	8 699	8 699
F	12. 137	11. 583	2. 300	13. 945

注: ***、**、*分别表示在1%、5%和10%的水平上显著, 括号内为 t 值。

三、稳健性检验

本部分采用第二种方法即参照黄等 (Huang et al. , 2014), 使用美国进口关税大幅变动衡量中美贸易摩擦, 当美国对我国出口商品所征关税发生较大变化, 即所在行业关税相比去年的出口关税变化率高于所有行业一年度中位数的变化率 3 倍以上, 则 *IN_SHOCK* 取 1, 代表我国出口美国关税大幅增加, 美国对我国出口产品限制措施增加。表 4 - 5 第 (1) 列回归结果显示, 对于出口美国份额 (*EXPORT_US_RATIO*), *IN_SHOCK* 系数在10% 水平上显著为负, 说明当出口美国关税大幅增加时, 我国受到中美贸易摩擦影响的企业出口美国份额显著减少; 针对贸易转移效应, 表 4 - 5 第 (2) 列回归结果显示, 对于欧洲发达国家 (*EXPORT_EU_RATIO*), *IN_SHOCK* 系数也在10% 水平上显著为正, 说明关税大幅增加时, 我国受影响企业出口欧洲发达国家份额显著增加。

表 4 - 5　　　关税大幅增加对出口美国与欧洲发达国家份额的影响

变量	(1) EXPORT_US_RATIO	(2) EXPORT_EU_RATIO
IN_SHOCK	− 0. 005 * (− 1. 72)	0. 220 * (1. 82)

续表

变量	(1)	(2)
	EXPORT_US_RATIO	EXPORT_EU_RATIO
SIZE	0.120 (0.44)	-8.023 (-0.50)
ROA	-0.031* (-1.76)	-2.429*** (-2.68)
LEV	0.003 (0.59)	-1.333*** (-3.94)
CFO	0.048*** (4.14)	1.204** (2.13)
LOSS	-0.007*** (-2.87)	0.086 (0.73)
BM	0.000 (0.09)	0.041 (0.47)
AGE	0.004 (0.23)	-0.426 (-0.46)
SOE	-0.012*** (-6.92)	-0.183 (-0.75)
SA	0.174 (0.44)	-11.737 (-0.51)
R&D	-0.080*** (-2.84)	-0.011 (-0.01)
Uncertain	0.003* (1.85)	-0.009 (-0.15)
PI	-0.250 (-1.02)	1.221* (1.69)
FIE	0.008** (2.29)	-0.380 (-1.00)
LABOR	-0.007*** (-8.49)	-0.206 (-1.59)

续表

变量	(1)	(2)
	EXPORT_US_RATIO	EXPORT_EU_RATIO
WAGE	0.003 *** (4.93)	−0.002 (−0.04)
_cons	−1.536 (−0.41)	114.952 (0.52)
INDUSTRY	YES	YES
YEAR	YES	YES
FIRM	YES	YES
N	10 184	10 184
F	13.578	8.930

注：***、**、*分别表示在1%、5%和10%的水平上显著，括号内为t值。

表4-6第（1）~第（2）列回归结果显示，对于出口亚洲发达国家和地区及非洲发达国家的份额，IN_SHOCK系数不显著，说明向这些国家和地区的出口份额并没有发生显著变化。与之前结果略有不同的是，第（3）列回归结果显示当使用关税数据衡量贸易摩擦时，中美贸易摩擦期间我国企业出口其他国家份额也显著增加，本书认为可能的原因是，其他国家组别的国家基本上不属于发达国家，主要是新兴市场国家，比如阿拉伯国家、南美洲国家、亚洲新兴市场等，随着共建"一带一路"的提出与推进，我国加强了与这些国家的贸易往来，因此出口至这些国家的份额增加。

表4-6　　　　　　关税大幅增加对出口其他国家份额的影响

变量	(1)	(2)	(3)
	EXPORT_ASIA_RATIO	EXPORT_AF_RATIO	EXPORT_OT_RATIO
IN_SHOCK	0.166 (1.07)	−0.016 (−0.49)	0.314 * (1.78)

续表

变量	(1) EXPORT_ASIA_RATIO	(2) EXPORT_AF_RATIO	(3) EXPORT_OT_RATIO
SIZE	−41.799** (−2.03)	−6.079 (−1.41)	−16.397 (−0.71)
ROA	−0.018 (−0.02)	−0.250 (−1.02)	−2.429* (−1.84)
LEV	−1.362*** (−3.12)	0.244*** (2.67)	−0.845* (−1.71)
CFO	1.912*** (2.63)	0.139 (0.91)	1.685** (2.05)
LOSS	−0.084 (−0.56)	0.044 (1.40)	−0.012 (−0.07)
BM	0.092 (0.81)	0.027 (1.14)	0.298** (2.31)
AGE	−2.480** (−2.08)	−0.372 (−1.49)	−0.537 (−0.40)
SOE	−1.412*** (−4.50)	0.122* (1.87)	0.176 (0.50)
SA	−61.402** (−2.07)	−8.895 (−1.44)	−24.139 (−0.72)
R&D	−0.482 (−0.19)	−1.825*** (−3.36)	−3.482 (−1.19)
Uncertain	−0.006 (−0.08)	−0.001 (−0.06)	0.241*** (2.76)
PI	4.497*** (4.81)	−0.353* (−1.81)	−3.586*** (−3.39)
FIE	0.588 (1.20)	−0.235** (−2.30)	0.777 (1.41)
LABOR	−1.117*** (−6.67)	−0.087** (−2.48)	−1.342*** (−7.09)

续表

变量	（1）	（2）	（3）
	EXPORT_ASIA_RATIO	*EXPORT_AF_RATIO*	*EXPORT_OT_RATIO*
WAGE	0. 171 *** （3. 08）	− 0. 008 （− 0. 65）	− 0. 023 （− 0. 36）
_cons	585. 708 ** （2. 06）	85. 208 （1. 43）	249. 978 （0. 78）
INDUSTRY	YES	YES	YES
YEAR	YES	YES	YES
FIRM	YES	YES	YES
N	10 184	10 184	10 184
F	10. 284	3. 202	15. 745

注：*** 、** 、* 分别表示在1%、5%和10%的水平上显著，括号内为 t 值。

总之，利用出口美国关税变动衡量中美贸易摩擦，该结论也进一步验证中美贸易摩擦对我国出口美国贸易产生了抑制效应，贸易摩擦发生时，我国企业出口美国份额降低。欧洲发达国家成为美国出口受阻后的替代出口市场，该结论进一步验证贸易摩擦对我国出口贸易产生了转移效应。

四、进一步分析

进一步，本书探讨了中美贸易摩擦对总出口份额的影响。对于贸易冲击是否会导致总体贸易抑制效应的产生，已有文献也并未得到一致结论。如帕克（2009）发现反倾销措施对中国具有显著的贸易转移效应和贸易萧条效应；而鲍恩和克劳利（2010）利用1992～2001年数据分析了反倾销后关税的增加对中国出口的影响，发现贸易萧条效应并不明显，而是增加了贸易转移效应，但这些研究均并未从企业层面给出直接证据。本书直接通过微观企业层面出口数据检验出口美国的企业在遭遇中美贸易摩擦时对企业总体出口额占营业收入比重（*EXPORT_RATIO*）的影响来验证是否对我国出口贸易总量具有抑制效应，在该回归中同时控制企业是否出口其他四组国家。表 4-7 回归结果显示，*AD_SHOCK* 系数在 5% 的水平上显著为负，说明企业所在行业处于美国贸易救济事件诉讼期时，会导致我国总体出口份额受到影响，转移至欧洲发达国家市场也无法完全覆盖在美国市场上出口的减少。因此，本书从微观企业层面为以往矛盾的贸易抑制效应研究提供了证据，说明我国企业在遇到来自美国的贸易冲击时，并没有放弃国际市场，企业通过转移到欧洲发达国家市场的方式来缓解贸易摩擦带来的不确定性，但依旧抑制了对外出口总规模，这会导致商品回流到国内市场，对我国国内外产品市场均造成了一定影响。

表 4-7 中美贸易摩擦对总出口份额的影响

变量	EXPORT_RATIO
AD_SHOCK	-1.775 ** (-2.10)
SIZE	-27.870 (-0.59)
ROA	-3.439 (-1.02)
LEV	-3.466 *** (-2.72)
CFO	7.737 *** (3.78)
LOSS	0.256 (0.58)
BM	0.078 (0.26)
AGE	-1.730 (-0.63)
SOE	-1.348 (-1.43)
SA	-41.677 (-0.61)

续表

变量	EXPORT_RATIO
R&D	0.353 (0.04)
UNCERTAIN	0.505 ** (2.31)
PI	0.511 (0.19)
FIE	2.371 * (1.80)
HHI	1.466 (0.61)
LABOR	−5.399 *** (−11.22)
WAGE	0.122 (0.72)
EXPORT_US	3.429 *** (11.87)
EXPORT_EU	3.554 *** (5.69)
EXPORT_ASIA	4.066 *** (5.84)
EXPORT_AF	4.924 *** (12.63)
EXPORT_OT	1.737 * (1.79)
_cons	458.808 (0.70)
FIRM	YES
INDUSTRY	YES
YEAR	YES
N	8 699
F	29.869

注：***、**、*分别表示在1%、5%和10%的水平上显著，括号内为t值。

综上所述，结合前面的检验结论，本章检验说明利用上市公司出口数据进行检验后发现，中美贸易摩擦对我国企业出口美国贸易产生了抑制效应，同时中美贸易摩擦使我国出口贸易产生了明显的转移效应，与美国市场结构较为相似的欧洲发达国家是企业在出口美国遇到困难时的主要转移目标，但是该转移并无法完全覆盖出口美国市场份额的减少，出口美国企业的总规模同时发生了显著的下降。本章使用微观企业层面数据证明了贸易转移是我国企业面对贸易摩擦的应对策略之一，但无法完全消除中美贸易摩擦带来的负面影响。

第五节　本 章 小 结

不同于以往多使用理论模型推导或案例研究，或使用国家、行业等宏观层面数据进行出口贸易直接效应的研究，本书使用上市公司层面的出口贸易数据和中美贸易摩擦数据对中美贸易摩擦对我国上市公司出口贸易的贸易转移效应进行实证研究，为以往矛盾的研究结论提供了微观企业层面的证据。本章利用 2006～2016 年海关出口数据，手工收集该期间上市公司及其关联公司名称信息，与中国海关出口贸易数据进行匹配，获得上市公司层面出口至各个国家的出口贸易数据；再通过中国贸易救济信息网手工收集美国对中国提起的贸易救济诉讼案件，并追踪案件从初审立案开始的发展全过程来获得中美贸易摩擦数据。

通过这些微观企业层面数据，本章首先讨论了中美贸易摩擦对我国出口贸易造成的直接效应，研究发现：（1）当出口美国企业所在行业处于美国对中国提起的贸易救济案件诉讼期间时，我国企业出口美国份额显著降低，说明中美贸易摩擦对我国出口企业的出口美国贸易产生了直接的抑制效应；（2）将剩余出口国家和地区分为欧洲发达国家、亚洲发达国家和地区、非洲国家与其他国家四组分别进行检验后发现，中美贸易摩擦导致我国企业出口欧洲发达国家份额显著增加，对其余国家和地区的出口份额没有发生显著变化，说明中美贸易摩擦对我国出口贸易产生了转移效应，与美国市场结构较为相似的欧洲发达国家市场是美国市场出口受阻后的主要替代目标；（3）在使用出口美国关税大幅增加重新衡量中美贸易摩擦后，上述结论依旧保持稳健；（4）进一步分析发现，当出口美国企业受到中美贸易摩擦影响时，显著降低了其出口总份额，说明即使企业通过贸易转移维持出口份额，但也无法完全覆盖由于中美贸易摩擦对企业出口带来的负面影响，给总体出口也带来了一定的抑制效应。

　　本章为以往有关贸易抑制效应和贸易转移效应的不一致结论提供了微观层面的证据，丰富了有关国际贸易转移效应的相关文献，也为我国企业在如何应对贸易摩擦方面具有一定的现实借鉴意义。即使我国出口产品遭受美国贸易制裁导致出口受阻，我国企业依然可以选择出口结构相近的市场如欧盟发达国家进行贸易转移来应对贸易摩擦，但该措施无法完全对抗中美贸易摩擦的影响，因此企业依旧需要通过其他的策略应对贸易摩擦的负面影响。该结果同时也为政府相关政策制定提供理论参考，当遭遇贸易摩擦时，政府应为出口企业提供更多的机会和政策支持帮助企业以较少的转换成本进入替代市场，以减轻贸易摩擦对企业带来的负面冲击。

第五章 中美贸易摩擦与企业固定资产投资

第一节 问题提出

随着中美贸易摩擦不断升级，中国贸易政策面临的不确定性变动难以预料，造成外部环境动态变动难以预期，从第四章研究结论可以看出，中美贸易摩擦确实会导致企业出口难度增加，尽管企业会通过贸易转移等一系列手段进行应对，但也无法完全消除对我国出口贸易的整体影响，说明中美贸易摩擦在对我国宏观经济发展造成严重影响的同时，对于微观企业的生产经营也造成了一定的影响。目前微观层面关注的主要是贸易摩擦对公司生产经营及财务行为的影响，如经营业绩、融资状况等（Liu and Ma，2016；蒋为和孙浦阳，2016），而投资行为受这种外部环境不确定性的影响尤为严重。由此可见，贸易摩擦对于微观企业的投资决策也产生了重要影响，目前国内外却鲜有文献对该问题进行探究。

近年来，环境不确定性如何影响企业财务和投资决策成为理论界和实务界的研究热点问题之一（Brogaard and Detzel，2015；Baker et al.，2016；Chen et al.，2017），尤其是企业在不确定环境下的投资支出问题受到了经济学和金融学的广泛关注。但是，大量学者围绕宏观环境不确定性、经济政策不确定性以及政治不确定性等探讨对企业投资支出的影响（Campello et al.，2010；Julio and Yook，2012；曹春方，2013；徐业坤等，2013；王义中和宋敏，2014；Gulen and Ion，2016），还鲜有文献关注在当前复杂多变的国际贸易格局下由于贸易摩擦导致企业面临的贸易环境不确定性增加时，企业会如何调整其投资策略来进行应对。一方面，从理论上来看，中美贸易摩擦这一外生冲击对企业投资支出会产生负向的影响。从实物期权理论的角度出发，中美贸易摩擦这一负面冲击使得潜在投资项目的不确定性程度上升，则投资等待的期权价值会提高，企业会因此减少投资支出；此外，根据融资约束理论，经济政策不确定性的上升增加了企业的财务压力，这会导致企业外部融资成本的上升（Gulen and Ion，2016），进而减小投资规模。另一方面，不确定性较高时也可能是企业实现投资高收益的最佳机会，且基于我国独特的制度背景，我国政府经常利用"有形之手"对经济进行干预，因此企业在经营过程中不仅受到市场力量的影响，还会受到政府"有形之手"力量的影响，在中美贸易摩擦发生时，政府的宏观调控之手也可能会刺激企业投资。例如，金融危机对我国企业造成了严重负面冲击，为应对金融危机，2008 年 11 月中国政府推出 4 万亿投资计划，旨在保持中国宏观经济的稳定增长。因此，中美贸易摩擦究竟会抑制企业投资还是会刺激企业投资是一个值得研究的问题。

第四章我们已经探讨了中美贸易摩擦对企业造成的直接效应即贸易转移效应，验证了中美贸易摩擦确实会导致企业出口美国受阻，在此前提下，本章从企业自身角度出发，主要探讨在遭遇中美贸易摩擦时，我国受影响企业究竟会如何改变其投资策略来进行应对。从固定资产投资角度出发，相比于没有受到贸易摩擦影响的企业，出口美国的企业在中美贸易摩擦中面临的不确定性急剧上升，出口美国企业如何决策其固定投资水平？此时这些企业会选择缩减投资规模吗？还是在国家政策的扶持下转型升级，或者转移出口国别，投资支出水平会发生什么变化？这些投资策略的改变是否能为企业带来积极的效应？

第二节　理论分析与假设提出

企业作为投资的微观主体，投资支出很大程度受其所处环境以及环境不确定性的影响，已有不少文献关注外部环境不确定性对企业投资的影响，包括宏观环境不确定性、经济政策不确定性以及政治不确定性等对企业投资支出的影响（Campello et al.，2010；Julio and Yook，2012；曹春方，2013；徐业坤等，2013；王义中和宋敏，2014；Gulen and Ion，2016），已有研究的结论并未达成一致。一方面，大多数学者认为宏观经济不确定性会抑制企业投资，如李凤羽和杨墨竹（2015）等指出金融危机加剧了经济政策不确定性，并发现在不确定环境下企业会减少投资支出。朱莉欧和尤克（Julio and Yook，2012）、曹春方（2013）认为由政府官员变更引起的政治不确定性也会导致企业投资支出下降。另一方面，也有学者认为不确定性的上升会增加企业投资支出（Oi，1961；Hartman，1972）。由于固定资产投资资金投入大、可逆性低等特征，在当今世界贸易格局复杂的背景下，贸易竞争格局所带来的贸易环境不确定性会对企业投资水平带来哪些影响呢？

一方面，中美贸易摩擦可能会降低企业固定投资水平。首先，中美贸易摩擦导致外部贸易政策不确定性升高，在不确定性较高的环境下，企业管理层更难精确评估投资项目的难度，无法准确获取客户需求的完全信息，致使其无法准确预期项目的投资回报。为了避免投资失败，企业会在投资时更加谨慎，且保留更多的现金以预防不确定情况的发生。实物期权理论也表明，由于企业固定资产投资具有不可逆性，在不确定性的条件下这使得企业投资相当于执行了看涨期权，而投资成本则构成了期权的执行价格，如果企业选择当下投资就意味着放弃了未来可能更好的投资机会，而这种继续等待的权利对企业来说是有价值的，是企业当前投资需要承担的机会成本（Dixit and Pindyck，1994；Gulen and Ion，2016）。因此，从实物期权理论的角度出发，中美贸易摩擦这一外生冲击，使得潜在投资项目的不确定性程度上升，则投资等待的期权价值会提高，此时企业会缩减投资规模。其次，预防性储蓄理论和融资约束理论也认为，资金借贷双方存在着信息不对称、代理问题以及不完全契约问题，这会使企业融资成本升高，对于那些无法完全依靠内部资金进行投资的企业而言，外部融资成本的上升会降低企业投资水平。当中美贸易摩擦发生时，贸易政策的不确定性会使出口企业的经营风险增加，进而影响企业现金流，使得相关利益者无法判断企业的未来发展前景。在这种情况下，对于投资者来讲，他们会认为企业的未来发展充满不确定性，进而减少对企业的投资，或要求更高的风险溢价来保护自己的权益；对于债权人来讲，也会在决定是否放贷以及规模的问题上更加谨慎，从而导致贷款额度下降和贷款利率上升（饶品贵等，2017）。因此，贸易摩擦造成的贸易环境不确定性会使企业的股权成本和债权成本均面临升高，当融资出现困难时，企业的损失规避动机会增强，风险承担水平会降低（靳光辉等，2016），企业会更加偏好一些流动性更强的现金资产，降低当期固定资产投资意愿，因此可能放弃一些原本风险较高的项目而"谨慎"选择保守性项目，使得企业投资规模下降。

另一方面，中美贸易摩擦也可能会刺激企业增加固定资产投资。首先，按照经典的资本资产定价模型（CAPM），收益与风险成正比，因此风险下也蕴含着商业机会。伯南克（Bernanke，1985）也指出，企业是否投资实际是一个成本与收益的权衡，收益是等待新信息后投资增加的价值，成本是推迟投资需要承担的成本，如果该投资对企业发展极为重要，同时也很容易被竞争对手所掌握，那么推迟投资将不再是恰当的做法，若企业想等到所存在的不确定性消除之后再进行投资，此时机遇已经流失或被他人利用。对于敢于冒险的企业家来说，这正是创造利润和价值的大好时机，若抓住较好的投资机会，在其他投资主体受到贸易摩擦打击犹豫不决时增加投资，反而可以取得更高收益。其次，管理层也可能会为了私人利益扩大投资规模，即使会侵占中小股东的利益（李增泉，2005；Jiang et al.，2010）。当中美贸易摩擦发生时，此时管理层可能会为了追求私人利益而增加投资。较高的外部贸易经济不确定性会使外部股东难以判断项目的发展和回报，如果在未来投资遭遇失败，管理层可以将投资失败的原因均归咎于外部贸易环境的恶化而不是自身原因，给管理层通过无效率投资追求私人收益提供了机会，此时管理层可能会扩大投资规模。最后，在我国特殊的国情下，在对外贸易遭受阻力时，政府的宏观调控之手也会发挥作用，为避免国内出口美国企业受到较大负面冲击，会出台一系列政策刺激企业进行投资。比如，对被贸易摩擦影响严重的企业提供更多政府补贴，以及对出口企业推出出口信用保险工具等措施以降低对企业造成的负面影响，在这些"有形之手"的干预下，也可能会刺激企业进行投资。据此，提出本书假设：

H5-1：在其他条件相同的情况下，在面临中美贸易摩擦时，上市公司会削减其固定资产投资；

H5-2：在其他条件相同的情况下，在面临中美贸易摩擦时，上市公司会增加其固定资产投资。

第三节　研究设计

一、样本选择

本书数据期间为2006～2016年，出口数据源于海关数据库，海关数据库中涵盖我国所有企业出口贸易数据，包括企业名称、目的国、出口产品金额、出口产品名称、产品单价、产品数量、贸易类型、运输方式等详细信息，该数据有助于本书深入考察企业出口贸易相关情况。通过手工收集获取上市公司名称及其子公司名称信息，利用企业名称与海关数据库配对，最终获得上市公司3 166 313条出口贸易数据，与同年度企业出口贸易数据合并后，得到与海关出口数据相匹配的13 672个公司—年度出口记录。

为了验证中美贸易摩擦造成的影响，本章主要针对贸易救济案件进行研究，贸易冲突事件数据源于贸易救济信息网，手工整理2006～2016年美国对我国提起的每宗贸易救济诉讼，追踪从立案到结案的整个诉讼期间，以判断该行业是否处于被诉讼期间，相比已有一些研究仅限于立案时点的研究更加完整，在确定贸易冲突期间后，判断每一个行业是否是被诉行业以及是否处于被诉期间；另外还使用出口美国关税数据重新衡量中美贸易摩擦进行稳健性检验，关税数据取自美国关税总局披露的美国自其他国家进口数据，计算中国公司所面临的出口关税情况。资本支出数据及其他财务数据源于CSMAR数据库和Wind数据库。

本书获得初始样本——23 956 个公司—年度观测值，删除金融行业样本 625 个、资本支出缺失数据 1 419 个，删除其他缺失财务数据后最终获得 21 867 个公司—年度观测值。为避免异常值影响，本书对所有连续变量在 1% 和 99% 处进行了 Winsorize 处理。

二、研究模型

本书参照田等（2014）设置模型（5.1）检验中美贸易摩擦期间对企业固定资产投资的影响，为控制企业自身特征的影响，我们在所有模型中均控制了企业个体固定效应：

$$INVEST = \alpha_0 + \alpha_1 SUE\_SHOCK + \alpha_2 SIZE + \alpha_3 LEV + \alpha_4 ROA + \alpha_5 LOSS +$$
$$\alpha_6 SOE + \alpha_7 BM + \alpha_8 BIG10 + \alpha_9 FIRST + \alpha_{10} INSHR + \alpha_{11} AGE +$$
$$\alpha_{12} HHI + \alpha_{13} DUAL + \alpha_{14} ANALYST + \alpha_{15} CASH\ FLOW + \alpha_{16} SA +$$
$$\alpha_{17} R\&D + \alpha_{18} EPU + \alpha_{19} PID + \alpha_{20} FIRM\ FE + \sum YEAR + \varepsilon$$

$$(5.1)$$

三、变量定义

（一）因变量

参考已有文献做法，本书使用资本支出水平作为企业固定资产投资的代理变量。本书被解释变量为企业投资支出，采用以下方法度量企业投资水平：参照潘红波和陈世来（2017）、黎文靖和李耀淘（2014）等构建 *INVEST* 作为本书主要投资支出代理变量，定义为（企业构建固定资产、无形资产和其他长期资产支付的现金 – 处置固定资产、无形资产和其他长期资产收回的现金净额）÷期初总资产。随后，本书也采用其他几种常用的衡量固定资产投资的方式进行了稳健性检验。

（二）自变量

贸易摩擦变量依据嘉德赛等（2017）主要使用贸易救济事件（*SUE_*

SHOCK）衡量。本书手工收集 2006～2016 年期间美国对中国出口产品共发起的 138 件贸易救济事件，我国贸易救济信息网披露了美国对华发起的反倾销、反补贴及保障措施诉讼，本书手工处理所有案件自初审立案以来至今的发展进程，当案件处于调查期间时，*SUE_INDUS* 取值为 1，说明处于贸易摩擦状态，由于这些贸易摩擦事件受影响的通常不仅是被诉企业而是整个行业，因此我们将该行业视为贸易摩擦行业。当企业存在出口美国贸易时出口美国贸易变量（*EXPORT_US*）取值为 1，否则为 0。当企业出口美国同时所属行业处于贸易摩擦事件调查期时，这些企业受到中美贸易摩擦的影响最为直接和严重，视为本书实验组样本，将 *SUE_SHOCK* 赋值为 1，否则为 0。

随后，本书使用出口美国关税是否大幅变动重新衡量贸易摩擦来进行稳健性检验，即参照黄等（2014）使用美国进口关税大幅变动衡量贸易摩擦进行稳健性检验，当美国对我国出口商品所征关税发生较大变化，即所在行业关税相比去年的出口关税变化率高于（低于）所有行业一年度中位数的变化率 3 倍以上，认为关税大幅增加（降低），因此当企业出口美国且关税大幅增加（降低）时，*IN_SHOCK*（*DE_SHOCK*）取值为 1，否则为 0；当该年关税大幅增加（减少）而下一年又反向变动大幅降低（增加）时，说明关税波动较大，因此当企业出口美国且波动性较大时，*UNCER-TAIN_SHOCK* 取值为 1，否则为 0。总之，当出口美国企业面临美国进口关税大幅变动时，*TARIFF_SHOCK* 取值为 1，否则为 0。

（三）控制变量

另外，本书借鉴理查德（Richardson，2006）、潘红波和陈世来（2017）、黎文靖和李耀淘（2014）控制相关变量，包括企业规模（*SIZE*）、资产收益率（*ROA*）、资产负债率（*LEV*）、自由现金流（*CASH FLOW*）、亏损情况（*LOSS*）、上市年龄（*AGE*）、账面市值比（*BM*）、是否国企（*SOE*）、融资约束指数（*SA*）、研发支出（*R&D*）、第一大股东持股比例（*FIRST*）、机构投资者持股（*INSHR*）、是否被十大事务所审计（*BIG*10）、是否两职合一（*DUAL*）、分析师跟踪人数（*ANALYST*）。此外，还控制了宏观层面的经济不确定指数（*EPU*）和宏观经济景气指数（*PID*）以及控制了行业和年度固定效应，为控制企业自身特征对其投资支出的影响，所有回归均控制了企业个体固定效应。具体变量定义见表 5 – 1。

表 5 – 1　　　　　　　　　　　　　**变量定义**

变量	变量释义
企业投资变量	
INVEST	（企业构建固定资产、无形资产和其他长期资产支付的现金 – 处置固定资产、无形资产和其他长期资产收回的现金净额）÷期初总资产
出口贸易变量	
EXPORT_US	是否有美国出口业务，有取值为 1，否则为 0
贸易摩擦变量	
SUE_SHOCK	企业所属行业处于贸易救济事件调查期间，且存在美国出口业务时取值为 1，否则为 0
SUE_INDUS	企业所属行业处于贸易救济事件调查期间时取值为 1，否则为 0
TARIFF_SHOCK	所在行业美国进口关税大幅变动，且存在美国出口业务时取值为 1，否则为 0。关税大幅变动包括关税大幅上升（IN_SHOCK）、关税大幅下降（DE_SHOCK）与关税波动较大（UNCERTAIN_SHOCK）三种情况
IN_SHOCK	美国进口关税大幅上升。企业所在行业当年美国进口关税相比去年的美国进口关税变化率高于所有行业—年度中位数的变化率 3 倍以上，且具有出口美国业务时，则 IN_SHOCK 取值为 1，认为关税大幅增加，否则为 0
DEC_SHOCK	美国进口关税大幅下降。企业所在行业当年美国进口关税相比去年的美国进口关税变化率低于所有行业—年度中位数的变化率 3 倍以上，且具有出口美国业务时，则 DE_SHOCK 取值为 1，认为关税大幅降低，否则为 0
UNCERTAIN_SHOCK	美国进口关税波动较大。当该年关税大幅增加（减少）而下一年又大幅降低（增加），且具有出口美国业务时，UNCERTAIN_SHOCK 取值为 1，认为关税面临较大不确定性，否则为 0
控制变量	
SIZE	总资产对数
LEV	资产负债率
ROA	资产收益率

变量	变量释义
控制变量	
SOE	产权性质，国企取值为 1，否则为 0
CASH	公司持有的现金及等价物
LOSS	企业当年发生亏损取值为 1，否则为 0
AGE	Ln（企业上市年数 + 1）
BM	账面市值比
FIRST	第一大股东持股比例
INSHR	机构投资者持股比例
*BIG*10	十大事务所审计取值为 1，否则为 0
DUAL	董事长与总经理两职合一取值为 1，否则为 0
SA	$SA = -0.737SIZE + 0.043SIZE^2 - 0.04AGE$
R&D	研发投入 ÷ 总销售收入
ANALYST	分析师跟踪人数加 1 取对数
EPU	Baker et al.（2016）构建的中国经济不确定性指数
PID	宏观经济景气指数
FIRM FE	企业个体固定效应
YEAR	年度固定效应

第四节　实证结果及分析

一、描述性统计

（一）变量描述性统计

表 5-2 为相关变量的描述性统计。数据显示，样本中 *INVEST* 的均值为 0.0638，标准差为 0.0769，最大值为 0.4174，说明上市公司之间的投资

水平存在较大差异，这与潘红波和陈世来（2017）的统计结果基本一致。从贸易摩擦变量 *SUE_SHOCK* 的描述性统计可看出，*SUE_INDUS* 均值为0.4285，说明有42.85%的样本所在行业在样本期间正在经历美国对中国贸易救济案件诉讼，*EXPORT_US* 均值为0.3919，说明有39.19%的企业均发生了出口美国业务，*SUE_SHOCK* 均值为0.3014，说明有30.14%的上市公司所在行业既处于中美贸易摩擦期间同时又有美国出口业务，这部分企业是受到中美贸易摩擦影响最直接和最严重的企业。

表 5 - 2　　　　　　　　　　　　描述性统计

变量	N	MEAN	SD	P25	P50	P75	MIN	MAX
INVEST	21 867	0.0638	0.0769	0.0135	0.0404	0.0871	- 0.0567	0.4174
SUE_SHOCK	21 867	0.3014	0.4589	0	0	1	0	1
EXPORT_US	21 867	0.3919	0.4882	0	0	1	0	1
SUE_INDUS	21 867	0.4285	0.4949	0	0	1	0	1
SIZE	21 867	21.866	1.2922	20.962	21.729	22.611	18.885	25.714
ROA	21 867	0.0348	0.0619	0.0118	0.0336	0.0628	- 0.2493	0.2106
LEV	21 867	0.4703	0.2320	0.2954	0.4668	0.6295	0.0465	1.2919
CASH FLOW	21 867	0.0431	0.0777	0.0020	0.0427	0.0876	- 0.2114	0.2608
LOSS	21 867	0.1709	0.3764	0	0	0	0	1
BM	21 867	0.8916	0.8294	0.3589	0.6166	1.1056	0.0776	4.5472
AGE	21 867	2.1419	0.7307	1.6094	2.3026	2.7081	0	3.1355
SOE	21 867	0.4706	0.4991	0	0	1	0	1
SA	21 867	- 5.6725	0.9043	- 6.2004	- 5.5773	- 5.0360	- 8.3491	- 3.6272
R&D	21 867	0.0222	0.0342	0	0.00523	0.0346	0	0.1978
BIG10	21 867	0.3825	0.4860	0	0	1	0	1
FIRST	21 867	0.3535	0.1518	0.2325	0.3333	0.4613	0.0877	0.7500
INSHR	21 867	0.0755	0.0771	0.0170	0.0542	0.1042	0.0000	0.3670

变量	N	MEAN	SD	P25	P50	P75	MIN	MAX
DUAL	21 867	0.2136	0.4099	0	0	0	0	1
FOLLOW	21 867	1.4401	1.1346	0	1.3863	2.3979	0	3.6376
EPU	21 867	1.7318	0.8662	1.1390	1.7064	1.8129	0.7327	3.6483
PID	21 867	0.8951	0.1741	0.7330	0.9070	1.0130	0.6730	1.2130

在控制变量中，企业规模（SIZE）均值为 21.866，资产收益率（ROA）均值为 0.0348，资产负债率（LEV）均值为 0.4703，自由现金流（CASH）均值为 0.0431，有 17.09% 的企业经历了亏损（LOSS），47.06% 的企业为国企（SOE），融资约束指数（SA）均值为 -5.6729，38.25% 的企业被十大会计师事务所审计（BIG10），第一大股东持股比例（FIRST）平均占比为 35.35%，机构投资者持股比例（INSHR）平均占比为 7.55%，有 21.36% 的企业属于总经理与董事长两职合一（DUAL）。依据贝克等（Baker et al.，2016）构建的经济不确定性指数均值为 1.7318，最小值为 0.7327，最大值为 3.6483，说明在样本期间经济不确定性也存在较大差异。宏观经济景气指数均值为 0.8951。以上变量均与已有文献变量统计基本保持一致。

（二）相关系数表

表 5-3 为本章主要变量的相关系数表，结果显示 INVEST 与 SUE_SHOCK 呈负相关关系且在 1% 水平上显著，初步表明相比于未直接受到中美贸易摩擦影响的企业，当企业受到中美贸易摩擦影响且有出口美国业务时，企业投资支出减少，支持 H5-1。另外，其他所有变量的相关系数基本均显著，说明本书所选变量合理，且其他变量相关系数值均低于 0.5，说明本书不存在严重的共线性问题。

表 5 – 3

相关系数

变量	INVEST	SUE_SHOCK	SIZE	ROA	LEV	CASH FLOW	SOE	SA	R&D	FIRST	INSHR	FOLLOW	EPU	PI
INVEST	1													
SUE_SHOCK	-0.074***	1												
SIZE	0.081***	0.052***	1											
ROA	0.169***	0.034***	0.047***	1										
LEV	-0.105***	-0.099***	0.288***	-0.403***	1									
CASH FLOW	0.152***	0.041***	0.068***	0.314***	-0.142***	1								
SOE	-0.048***	-0.048***	0.316***	-0.115***	0.265***	0.055***	1							
SA	-0.072***	-0.048***	-0.999***	-0.038***	-0.301***	-0.067***	-0.327***	1						
R&D	0.057***	0.154***	-0.155***	0.115***	-0.384***	-0.00700	-0.291***	0.166***	1					
FIRST	0.076***	-0.00800	0.262***	0.116***	0.00400	0.084***	0.211***	-0.255***	-0.105***	1				
INSHR	0.109***	0.013**	0.129***	0.185***	0.034***	0.112***	0.030***	-0.132***	0.016**	-0.102***	1			
FOLLOW	0.268***	0.096***	0.395***	0.395***	-0.188***	0.170***	-0.065***	-0.380***	0.176***	0.143***	0.382***	1		
EPU	-0.039***	0.063***	0.129***	0.0100	-0.105***	0.00200	-0.121***	-0.128***	0.203***	-0.040***	-0.044***	0.091***	1	
PID	0.079***	-0.067***	-0.163***	0.040***	0.104***	0.013*	0.144***	0.164***	-0.255***	0.044***	0.054***	-0.036***	-0.554***	1

注: ***、 **、 * 分别表示在 1%、5% 和 10% 的水平上显著, 括号内为 t 值。

二、主回归结果

表 5 - 4 主要依据模型（5.1）检验受到中美贸易摩擦时对企业固定资产投资水平的影响。根据我国贸易救济信息网披露的美国对华发起的反倾销、反补贴及保障措施诉讼，本书手工处理所有案件自初审立案以来至今的发展进程，据统计，2006～2023 年美国已对中国提起贸易救济诉讼 247 起，涉及化学制品、电气设备、光伏设备、车船运输设备等多种中高端产品，因此本章首先利用美国对中国提起的贸易救济诉讼衡量贸易摩擦，为了控制企业固有特征对本书结果的影响，本章所有回归均控制了公司个体固定效应。表 5 - 4 的第（1）列单变量回归结果显示，SUE_SHOCK 系数在 10% 水平上显著负相关，该结果初步说明贸易摩擦会使企业削减其投资水平，初步支持 H5 - 1；在加入有关公司特征、宏观环境等一系列控制变量后，第（2）列回归结果显示，SUE_SHOCK 系数在 5% 的水平上显著为负，该结果进一步说明如果企业当年存在对美出口，而且所在行业处于美国贸易救济诉讼调查期间，企业会显著减少其资本支出。该结果说明，当企业面临贸易争端时，伴随着美国对我国企业制裁力度的加大以及我国贸易政策不确定性的增加，企业管理层更难判断未来的增长前景，投资会更为谨慎，表现为削减其投资规模。H5 - 1 得到验证。

表 5 - 4　　　　　　　中美贸易摩擦对固定资产投资的影响

变量	(1) INVEST	(2) INVEST
SUE_SHOCK	- 0. 004 * (- 1. 94)	- 0. 004 ** (- 2. 47)
SIZE		0. 830 *** (21. 89)
ROA		0. 029 *** (2. 74)

续表

变量	(1) *INVEST*	(2) *INVEST*
LEV		-0.007^* (-1.70)
CASH FLOW		0.017^{**} (2.52)
LOSS		-0.015^{***} (-9.19)
BM		-0.013^{***} (-12.40)
SOE		-0.006^{**} (-2.21)
SA		1.160^{***} (21.32)
R&D		0.118^{***} (4.21)
*BIG*10		0.002^* (1.78)
FIRST		0.030^{***} (4.16)
INSHR		0.037^{***} (4.58)
DUAL		0.003^{**} (1.99)
FOLLOW		0.007^{***} (9.25)
EPU		-0.003^{***} (-2.91)
PID		0.060^{***} (5.98)

续表

变量	(1) *INVEST*	(2) *INVEST*
_*cons*	0.075 *** (39.78)	-11.561 *** (-22.35)
FIRM	YES	YES
INDUSTRY	YES	YES
YEAR	YES	YES
N	21 867	21 867
F	87.985	127.565

注：*** 、** 、* 分别表示在1%、5%和10%的水平上显著，括号内为 t 值。

在控制变量中，从企业特征来看，当企业规模（*SIZE*）越大、盈利能力（*ROA*）越强、现金流越充足（*CASH FLOW*）、研发投入（*R&D*）越多、融资约束程度越小（*SA*）、被十大会计师事务所审计（*BIG*10）、机构投资者持股越多（*INSHR*）、董事长与总经理两职合一（*DUAL*）时，企业投资规模越大；而当企业资产负债率越高（*LEV*）、发生亏损（*LOSS*）、上市时间越长（*AGE*）时，企业投资规模越小。从宏观经济层面看，当经济不确定性（*EPU*）越高时，企业会削减投资规模；当经济景气指数（*PID*）越高时，会增加投资规模，说明宏观经济状况会影响企业投资决策，*EPU*系数显著为负，说明在经济不确定性越低、发展前景越好时，越可能增加投资。这些控制变量的符号均与已有研究基本保持一致。

三、稳健性检验

（一）更换贸易摩擦变量的衡量方式

本章参照黄等（2014）使用美国进口关税大幅变动（*TARIFF_SHOCK*）衡量贸易摩擦，当美国对我国出口商品所征关税发生较大变化，即所在行业关税相比去年的出口关税变化率高于（低于）所有行业—年度中位数的变化率 3 倍以上且企业具有出口美国业务时，则 IN_SHOCK（DE_SHOCK）取 1，认为关税大幅增加（降低），否则取值为 0；当出口美国企业该年关税大幅增加（减少）而下一年又反向变动大幅降低（增加）时，说明关税波动较大，UNCERTAIN_SHOCK 取值为 1，否则取值为 0。总之，当出口美国企业面临美国进口关税大幅变动时，TARIFF_SHOCK 取值为 1，否则为 0。表 5-5 列示了出口美国关税大幅增加、关税波动及大幅下降对企业投资的影响。第（1）列的回归结果显示，IN_SHOCK 系数在 5% 水平上显著为负，说明当企业所在行业出口关税大幅增加时，企业会显著削减其投资支出规模。第（2）列回归结果显示当企业面临较大关税波动时，UNCERTAIN_SHOCK 系数也显著为负，说明出口美国的企业在面对关税较大波动时，面临的环境不确定性也更高，此时会削减其投资规模。第（3）列回归结果显示当企业面临关税大幅降低时，DE_SHOCK 系数为正但不显著，说明当关税大幅降低时，并没有因为竞争环境优化而显著增加企业的投资支出；该结果再次说明当企业面临关税大幅增加或不确定性较大时，会采取削减投资的策略应对贸易摩擦。

表 5-5   更换贸易摩擦衡量方式

变量	（1）	（2）	（3）
	INVEST	INVEST	INVEST
	关税大幅增加	关税不确定性较大	关税大幅下降
IN_SHOCK	-0.006** (-2.38)		
UNCERTAIN_SHOCK		-0.008** (-2.30)	
DE_SHOCK			0.000 (0.06)
SIZE	0.906*** (19.15)	0.908*** (19.19)	0.905*** (19.14)

续表

变量	（1）	（2）	（3）
	INVEST	*INVEST*	*INVEST*
	关税大幅增加	关税不确定性较大	关税大幅下降
ROA	0.046 *** （3.45）	0.047 *** （3.47）	0.047 *** （3.49）
LEV	0.009 * （1.68）	0.009 * （1.68）	0.009 * （1.67）
CASH FLOW	− 0.015 （− 1.60）	− 0.015 （− 1.58）	− 0.015 （− 1.58）
LOSS	− 0.014 *** （− 7.16）	− 0.014 *** （− 7.12）	− 0.014 *** （− 7.15）
BM	− 0.018 *** （− 11.70）	− 0.018 *** （− 11.73）	− 0.018 *** （− 11.71）
SOE	− 0.011 *** （− 2.83）	− 0.011 *** （− 2.80）	− 0.011 *** （− 2.84）
R&D	0.155 *** （4.49）	0.155 *** （4.50）	0.155 *** （4.49）
SA	1.266 *** （18.68）	1.269 *** （18.71）	1.265 *** （18.66）
BIG10	0.001 （0.88）	0.001 （0.84）	0.001 （0.85）
FIRST	0.035 *** （3.59）	0.034 *** （3.52）	0.035 *** （3.59）
INSHR	0.047 *** （4.66）	0.047 *** （4.66）	0.047 *** （4.68）
DUAL	0.001 （0.54）	0.001 （0.52）	0.001 （0.54）
FOLLOW	0.006 *** （6.95）	0.006 *** （6.97）	0.006 *** （6.96）
EPU	− 0.004 *** （− 3.01）	− 0.004 *** （− 3.00）	− 0.004 *** （− 2.99）

续表

变量	(1)	(2)	(3)
	INVEST	INVEST	INVEST
	关税大幅增加	关税不确定性较大	关税大幅下降
PID	0.061 ***	0.061 ***	0.060 ***
	(4.70)	(4.67)	(4.63)
_cons	−12.618 ***	−12.642 ***	−12.609 ***
	(−19.54)	(−19.57)	(−19.52)
FIRM	YES	YES	YES
INDUSTRY	YES	YES	YES
YEAR	YES	YES	YES
N	13 083	13 083	13 083
F	98.152	98.134	97.876

注：***、**、* 分别表示在1%、5%和10%的水平上显著，括号内为 t 值。

（二）更换投资支出的衡量方式

本书更换以下三种投资支出的衡量方式重新进行稳健性检验：（1）参照申慧慧等（2012）构建 INVEST2，定义为（资本支出＋并购支出－出售长期资产－折旧）÷期初总资产；（2）参照理查森（2006）构建 INVEST3，定义为（企业构建固定资产、无形资产和其他长期资产支付的现金＋并购支出－处置固定资产、无形资产和其他长期资产收回的现金净额－折旧）÷期初总资产；（3）参照陈艳艳和罗党论（2012）构建 INVEST4，定义为（本期固定资产净额－上期固定资产净额）÷期初总资产。表5-6第（1）~第（3）列回归结果显示 SUE_SHOCK 系数均依旧在5%水平上显著为负，说明当出口美国的企业处于贸易救济事件诉讼期间时，其投资规模显著更低。该回归结果与前文保持一致，进一步验证了面临贸易摩擦时，企业投资意愿下降，投资决策更加"谨慎"，会采取削减投资规模的策略应对中美贸易摩擦。

表 5 − 6   更换固定资产投资衡量方式

变量	(1)	(2)	(3)
	INVEST2	INVEST3	INVEST4
SUE_SHOCK	− 0. 005 ** (− 2. 04)	− 0. 004 ** (− 2. 37)	− 0. 006 ** (− 2. 05)
SIZE	0. 890 *** (18. 89)	0. 795 *** (21. 11)	0. 408 * (1. 79)
ROA	0. 030 ** (2. 27)	0. 071 *** (6. 86)	0. 101 *** (6. 03)
LEV	− 0. 006 (− 1. 16)	− 0. 002 (− 0. 61)	0. 015 ** (2. 47)
CASH FLOW	− 0. 001 (− 0. 18)	0. 005 (0. 70)	− 0. 019 * (− 1. 75)
LOSS	− 0. 018 *** (− 9. 05)	− 0. 010 *** (− 6. 07)	− 0. 009 *** (− 3. 64)
BM	− 0. 016 *** (− 11. 73)	− 0. 014 *** (− 12. 79)	− 0. 014 *** (− 7. 93)
SOE	− 0. 005 ** (− 2. 04)	− 0. 008 *** (− 2. 62)	− 0. 012 *** (− 2. 62)
R&D	1. 225 *** (18. 12)	1. 112 *** (20. 56)	0. 087 * (1. 93)
SA	0. 128 *** (3. 68)	0. 119 *** (4. 26)	0. 511 (1. 56)
BIG10	0. 000 (0. 27)	0. 002 * (1. 65)	0. 001 (0. 60)
FIRST	− 0. 013 (− 1. 41)	0. 029 *** (4. 03)	0. 067 *** (5. 80)
INSHR	0. 060 *** (6. 01)	0. 038 *** (4. 81)	0. 031 ** (2. 37)
DUAL	0. 001 (0. 70)	0. 003 * (1. 95)	0. 001 (0. 26)

续表

变量	(1)	(2)	(3)
	INVEST2	INVEST3	INVEST4
FOLLOW	0.010 *** (10.43)	0.006 *** (8.33)	− 0.001 (− 0.67)
EPU	− 0.004 *** (− 3.68)	− 0.003 *** (− 2.73)	− 0.006 *** (− 4.20)
PID	0.052 *** (4.16)	0.064 *** (6.39)	0.126 *** (7.72)
_cons	− 12.490 *** (− 19.44)	− 11.075 *** (− 21.54)	− 6.053 * (− 1.92)
FIRM	YES	YES	YES
INDUSTRY	YES	YES	YES
YEAR	YES	YES	YES
N	21 867	21 867	21 884
F	107.008	123.841	61.545

注: *** 、 ** 、 * 分别表示在1%、5%和10%的水平上显著, 括号内为 t 值。

(三) 剔除裁定结果为否定性反倾销与反补贴案件

通过对贸易救济案件状态进行分析可知, 不同的案件状态对企业的实质性影响不同。虽然多数美国贸易救济案件原审终裁的结论是存在肯定性倾销而受到实质性制裁, 但在 2006 ~ 2016 年的 138 起贸易救济事件中, 也存在 16 起案件的终裁结果为反倾销和反补贴否定性终裁, 即裁定涉案产品并未对美国国内产业产生实质性损害。此时, 并不会对我国相应出口产品实施制裁措施。这类案件在立案时虽然对企业敲响警钟, 但由于最终裁定没有造成加征关税等恶性后果, 实质性影响较为有限。因此, 本书剔除该类案件重新进行回归, 表 5 - 7 的回归结果显示, SUE_SHOCK 系数依旧在 10% 的水平上显著为负, 表明在清洁样本后, 对于那些实质性受到美国贸易制裁的中国企业, 中美贸易摩擦会导致企业投资支出削减的结论依然成立。

表 5 −7　　　　　　　　　删除否定性反倾销与反补贴案件

变量	INVEST
SUE_SHOCK	−0. 003 * (−1. 72)
SIZE	0. 831 *** (21. 93)
ROA	0. 029 *** (2. 74)
LEV	−0. 007 * (−1. 72)
CASH FLOW	0. 017 ** (2. 52)
LOSS	− 0. 015 *** (− 9. 20)
BM	− 0. 013 *** (− 12. 38)
SOE	− 0. 006 ** (− 2. 20)
SA	0. 120 *** (4. 26)
R&D	1. 162 *** (21. 36)
BIG10	0. 002 * (1. 79)
FIRST	0. 030 *** (4. 12)
INSHR	0. 037 *** (4. 58)
DUAL	0. 003 ** (1. 98)

续表

变量	INVEST
FOLLOW	0. 007 *** (9. 26)
EPU	− 0. 003 *** (− 2. 93)
PID	0. 059 *** (5. 88)
_cons	− 11. 578 *** (− 22. 38)
FIRM	YES
INDUSTRY	YES
YEAR	YES
N	21 867
F	127. 420

注: *** 、 ** 、 * 分别表示在1%、5%和10%的水平上显著，括号内为 t 值。

（四）倾向匹配得分法（PSM）解决内生性

是否出口以及是否会被诉讼可能与企业自身特征有一定相关关系，为进一步解决中美贸易摩擦与企业固定投资之间可能存在的内生性问题，本书采用 PSM 方法配对后样本重新进行检验。企业规模（SIZE）、资产负债率（LEV）、资产收益率（ROA）、产权性质（SOE）、账面市值比（BM）、是否被十大审计（BIG10）、企业年龄（AGE）、市场竞争程度（HHI）、融资约束（SA）均有可能影响企业是否出口及是否被提起诉讼，因此我们在控制这些协变量的基础上计算倾向匹配得分（PSCORE）。将所在行业处于被诉讼期间且有出口的企业设为实验组样本，其余样本设为控制组，进行1：1有放回匹配，匹配完最终得到 11 234 个样本。表 5 - 8 的平衡面板检验显示，在匹配前，两组企业特征均在 1% 的水平上有着明显的差异，在匹配后除 LEV 在 10% 水平上存在差异外，其他变量间均无显著差异，说明实验组与控制组之间的差异基本消除，所选择的变量对企业是否成为诉讼出口企业不再具有解释力，匹配满足了平衡面板假设。

表5-8 平行趋势检验

变量	匹配前			匹配后		
	实验组	控制组	$T-Test$	实验组	控制组	$T-Test$
SIZE	21.913	21.911	7.65 ***	21.911	21.9	0.51
ROA	0.0400	0.0353	5.34 ***	0.04	0.0419	-1.04
LEV	0.4228	0.4740	-15.28 ***	0.4227	0.4165	1.76 *
SOE	0.414	0.4642	-7.05 ***	0.4136	0.4173	-0.45
BM	0.7968	0.8934	-8.23 ***	0.7967	0.7949	0.15
AGE	1.9146	2.0596	-11.64 ***	1.9146	1.9055	0.60
HHI	0.2603	0.2718	-9.67 ***	0.2603	0.2607	-0.29
SA	-5.6964	-5.6045	-7.1 ***	-5.6945	-5.6868	-0.53

注：***、*分别表示在1%、10%的水平上显著，括号内为t值。

图5-1报告了共同支撑检验结果，左图为匹配前 *PSCORE* 分布，右图为匹配后 *PSCORE* 分布。结果显示：匹配前实验组与控制组的 *PSCORE* 差异较为明显，但匹配后实验组与控制组 *PSCORE* 分布基本一致，两者形态接近，表明倾向得分匹配修正了两组样本值的分布偏差，匹配满足了共同支撑假设。表5-9回归结果列示了进行 PSM 配对后样本的回归结果。回归结果显示：在利用 PSM 控制内生性后，*SUE_SHOCK* 系数依旧显著为负，说明相比不受贸易摩擦影响的企业，受贸易摩擦影响大的企业其投资规模显著更小。综上所述，在控制了内生性后，本章研究结果依旧不变。

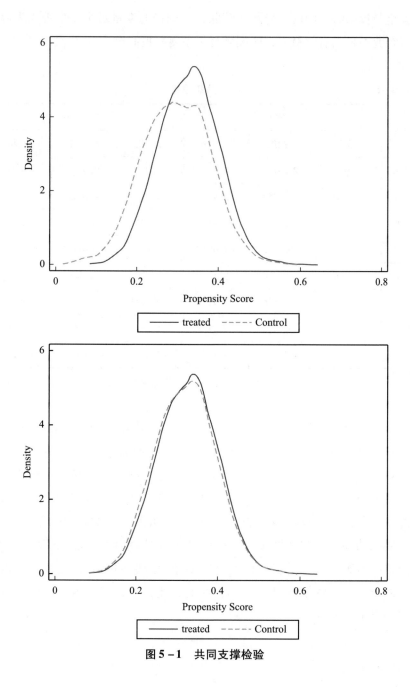

图 5 - 1　共同支撑检验

表5－9　　　　　　　　　　　　　PSM 解决内生性

变量	INVEST
SUE_SHOCK	－0.006 ** （－2.31）
SIZE	0.807 *** （14.83）
ROA	0.054 *** （2.99）
LEV	0.008 （1.24）
CASH FLOW	－0.013 （－1.20）
LOSS	－0.013 *** （－5.28）
BM	－0.018 *** （－10.22）
SOE	－0.017 *** （－3.63）
SA	0.167 *** （4.10）
R&D	1.125 *** （14.43）
BIG10	0.002 （1.17）
FIRST	0.032 *** （2.90）
INSHR	0.031 *** （2.68）
DUAL	0.002 （0.96）

续表

变量	INVEST
FOLLOW	0. 006 *** (5. 64)
EPU	− 0. 003 ** (− 2. 56)
PID	0. 080 *** (5. 33)
_cons	− 11. 265 *** (− 15. 17)
FIRM	YES
INDUSTRY	YES
YEAR	YES
N	11 234
F	71. 126

注：*** 、** 分别表示在 1% 、5% 的水平上显著，括号内为 t 值。

（五） Heckman 两阶段方法解决内生性

为进一步控制模型中由于样本选择偏误可能导致的内生性问题，即可能出口美国的上市企业本身就是投资规模较小的企业，本书使用赫克曼（Heckman）两阶段法进一步检验。表 5 – 10 第（1）列为第一阶段回归结果，在第一阶段中，本书参照周定根和杨晶晶（2016）、陈旭等（2016）选取企业规模（SIZE）、资产负债率（LEV）、资产收益率（ROA）、账面市值比（BM）、是否为外资企业（FIE）、劳动生产率（LABOR）、企业职工人数（QFII）、员工薪酬水平（WAGE）等变量作为企业出口选择的影响因素，与企业是否出口美国进行 Probit 回归，计算出逆米尔斯系数（MILLS）；在第二阶段中将 MILLS 代入原模型再次回归。第（2）列第二阶段回归结果显示 MILLS 系数显著，说明本书存在一定的样本自选择问题。在控制了 MILLS 的基础上，SUE_SHOCK 的系数依旧在 5% 水平上显著为负，说明在控制样本自选择问题后，受到贸易摩擦的出口美国企业显著减少了其投资支出，说明在考虑样本选择偏误这一因素后，本书结论依旧保持不变。

表 5 – 10　　　　　　　　　Heckman 两阶段解决内生性

变量	(1) EXPORT_USDUMMY	变量	(2) INVEST
SIZE	− 0.165 *** (− 8.69)	SUE_SHOCK	− 0.004 ** (− 2.36)
ROA	− 1.644 *** (− 8.86)	SIZE	0.808 *** (20.67)
LEV	− 0.478 *** (− 8.38)	ROA	− 0.001 (− 0.12)
FIE	− 0.022 (− 0.48)	LEV	− 0.017 *** (− 4.01)
BM	− 0.016 (− 0.92)	CASH FLOW	0.023 *** (3.31)
AGE	− 0.030 ** (− 2.43)	LOSS	− 0.015 *** (− 9.06)
HHI	− 0.362 *** (− 2.63)	BM	− 0.014 *** (− 12.70)
STAFF	0.369 *** (21.45)	SOE	− 0.005 * (− 1.75)
LABOR	0.256 *** (16.20)	R&D	0.102 *** (3.59)
WAGE	0.089 *** (12.38)	SA	1.124 *** (20.03)
		BIG10	0.002 * (1.71)
		FIRST	0.031 *** (4.22)
		INSHR	0.033 *** (3.96)

续表

变量	(1) *EXPORT_USDUMMY*	变量	(2) *INVEST*
		DUAL	0. 003 ** (2. 04)
		FOLLOW	0. 007 *** (9. 68)
		EPU	− 0. 002 (− 1. 61)
		PID	0. 070 *** (6. 64)
		MILLS	0. 036 *** (7. 34)
_cons	− 3. 776 *** (− 16. 35)	*_cons*	− 11. 325 *** (− 21. 24)
FIRM	NO	*FIRM*	YES
INDUSTRY	YES	*INDUSTRY*	YES
YEAR	YES	*YEAR*	YES
N	22 098	*N*	20 731
Pseudo R^2	0. 1442	*r2_a*	0. 016
		F	117. 776

注: *** 、 ** 、 * 分别表示在 1%、5% 和 10% 的水平上显著, 括号内为 t 值。

第五节　进一步分析

一、机制分析

由前文可知, 从实物期权理论和融资约束理论出发, 中美贸易摩擦会导致企业资本支出显著降低。因此, 本部分主要从融资约束角度和实物期权角度进一步深入探讨中美贸易摩擦对企业固定资产投资的影响机制。融资约束机制主要从企业产权性质、融资约束指数、企业规模三方面进行讨论,实物期权机制主要考虑资产可逆性、行业竞争程度以及企业风险承担水平三个方面。

(一) 融资约束机制对中美贸易摩擦与企业投资的影响

由于固定资产投资需要大量资金予以支撑,对于那些内部资金无法完全支撑企业正常发展的企业来说,外部融资成本的上升会降低企业投资水平。刘康兵 (2008) 指出,不确定性程度的提升会使外部投资者难以判断未来的投资收益,因此需要更高的风险补偿,导致外部融资成本上升,使企业融资约束程度更加严重。中美贸易摩擦发生时,企业面临的不确定性明显增加,外部投资者需要更高的风险溢价,此时不论是债务融资成本还是股权融资成本均会升高,由于外部融资成本的上升在融资约束程度较高的企业中表现得更加明显,企业更有动机削减投资规模,中美贸易摩擦对这类企业资本支出的抑制作用应该更强。因此本书预期:当企业融资约束程度越严重时,中美贸易摩擦对企业固定资产投资的抑制效应越显著。

首先,本书采用企业产权性质衡量融资约束程度。相对于非国有企业,国有企业会得到更多的财务支持和政治支持 (Qian,1994),以及考虑到政治、社会、税收等因素,国有银行会在贷款方面给予国有公司优惠待遇 (Brandt and Li,2003),因此相比于国有企业,非国有企业面临较严重的融资约束。本书按照是否为国有企业对此进行分组检验,表 5 – 11 第 (1) 列和第 (2) 列回归结果显示,在非国有企业组中 SUE_SHOCK 系数显著为负,说明中美贸易摩擦对企业投资规模的抑制效应在融资约束程度更高的非国有企业中更加显著。

表 5 – 11　　　　　　中美贸易摩擦、融资约束与固定资产投资

变量	(1)	(2)	(3)	(4)	(5)	(6)
	INVEST	INVEST	INVEST	INVEST	INVEST	INVEST
	国企	非国企	SA 指数低	SA 指数高	大规模	小规模
SUE_SHOCK	− 0.003 (− 1.30)	− 0.007 *** (− 2.65)	− 0.004 (− 1.31)	− 0.006 ** (− 2.19)	− 0.004 (− 1.30)	− 0.006 ** (− 2.33)

续表

变量	(1) INVEST 国企	(2) INVEST 非国企	(3) INVEST SA 指数低	(4) INVEST SA 指数高	(5) INVEST 大规模	(6) INVEST 小规模
SIZE	0.160 (0.93)	0.763 *** (2.75)	0.724 *** (2.62)	0.306 * (1.83)	0.720 *** (2.63)	0.309 * (1.84)
ROA	0.056 *** (3.44)	0.010 (0.70)	−0.001 (−0.09)	0.102 *** (5.12)	−0.003 (−0.25)	0.101 *** (4.99)
LEV	0.017 *** (2.60)	−0.012 ** (−2.32)	−0.004 (−0.77)	0.014 * (1.88)	−0.005 (−0.93)	0.018 ** (2.33)
CASH FLOW	0.004 (0.36)	0.022 ** (2.38)	0.029 *** (3.26)	−0.016 (−1.51)	0.029 *** (3.23)	−0.017 (−1.59)
LOSS	−0.015 *** (−6.79)	−0.013 *** (−5.77)	−0.014 *** (−6.72)	−0.014 *** (−5.69)	−0.015 *** (−7.00)	−0.015 *** (−6.03)
BM	−0.014 *** (−10.63)	−0.011 *** (−5.76)	−0.005 * (−1.86)	−0.012 *** (−9.15)	−0.005 ** (−2.00)	−0.012 *** (−9.07)
AGE	−0.027 *** (−2.62)	−0.012 (−0.76)	−0.024 (−1.47)	−0.020 ** (−1.98)	−0.024 (−1.48)	−0.021 ** (−2.03)
SOE			−0.011 *** (−2.64)	−0.005 (−1.02)	−0.012 *** (−2.95)	−0.005 (−0.93)
SA	0.192 (0.78)	1.067 *** (2.67)	1.011 ** (2.54)	0.403 * (1.68)	1.007 ** (2.55)	0.409 * (1.69)
R&D	0.022 (0.47)	0.154 *** (4.44)	0.145 *** (3.78)	0.099 ** (2.20)	0.129 *** (3.41)	0.109 ** (2.41)
BIG10	0.003 (1.57)	0.002 (1.09)	0.001 (0.31)	0.001 (0.83)	0.000 (0.18)	0.002 (1.04)
FIRST	0.013 (1.15)	0.057 *** (5.76)	0.009 (0.78)	0.041 *** (3.55)	0.009 (0.84)	0.039 *** (3.29)
INSHR	0.043 *** (3.75)	0.036 *** (3.21)	0.009 (0.70)	0.050 *** (4.61)	0.011 (0.86)	0.047 *** (4.32)
DUAL	0.003 (1.16)	0.002 (1.06)	0.003 (1.28)	0.001 (0.36)	0.003 (1.27)	0.001 (0.27)

续表

变量	(1)	(2)	(3)	(4)	(5)	(6)
	INVEST	*INVEST*	*INVEST*	*INVEST*	*INVEST*	*INVEST*
	国企	非国企	SA 指数低	SA 指数高	大规模	小规模
FOLLOW	0.005 *** (4.78)	0.007 *** (6.51)	0.009 *** (8.37)	0.003 *** (2.65)	0.009 *** (8.38)	0.003 *** (2.78)
EPU	−0.004 ** (−2.45)	−0.001 (−0.43)	0.000 (0.18)	−0.006 *** (−4.06)	0.001 (0.39)	−0.006 *** (−4.14)
PID	0.101 *** (6.49)	0.006 (0.41)	−0.056 *** (−3.67)	0.125 *** (8.02)	−0.056 *** (−3.76)	0.126 *** (8.05)
_cons	−2.375 (−1.00)	−10.575 *** (−2.76)	−9.938 *** (−2.61)	−4.427 * (−1.91)	−9.875 *** (−2.61)	−4.459 * (−1.92)
FIRM	YES	YES	YES	YES	YES	YES
INDUSTRY	YES	YES	YES	YES	YES	YES
YEAR	YES	YES	YES	YES	YES	YES
N	10 298	11 569	10 434	11 433	10 527	11 340
F	53.719	71.634	51.819	70.095	51.689	71.570

注：***、**、*分别表示在1%、5%和10%的水平上显著，括号内为 t 值。

其次，本书使用 SA 指数作为融资约束的第二个代理变量。本书根据企业规模、企业年龄等指标构建 SA 指数作为衡量融资约束的代理变量，具体地，$SA = -0.737SIZE + 0.043SIZE^2 + 0.04AGE$，当该指标绝对值越大时，代表企业面临的融资约束情况越严重。本书使用同行业年度 SA 指数中位数分为融资约束较强组与较弱组并进行分组检验，表 5 - 11 第（3）列和第（4）列的回归结果显示，在 SA 指数较高组，*SUE_SHOCK* 系数显著为负，而在 SA 指数较低组不显著，说明在融资约束程度更加严重时中美贸易摩擦对企业投资规模的抑制效应更加显著。

最后，本书还使用企业规模作为融资约束的代理变量，较大规模企业往往有更加充足的资源而面临较小的融资约束，小规模企业更可能面临严重的融资约束。本书使用同行业年度企业规模中位数分为大规模企业与小规模企业并进行分组回归，表5－11第（5）列和第（6）列回归结果显示，在小规模企业组，SUE_SHOCK系数显著为负，而在大规模企业组不显著，该结果说明在融资约束更强的小规模企业中，中美贸易摩擦对企业投资规模的抑制效应更加显著。

综上，以上结果验证了本书的预期，即当企业融资约束程度越严重时，中美贸易摩擦对企业固定资产投资的抑制效应越显著。

（二）实物期权机制对中美贸易摩擦与企业固定资产投资关系的影响

1. 行业竞争程度的影响

实物期权理论表明，虽然外部环境不确定性的上升可以增加企业推迟投资的期权价值，但这种情况也并不是在任何情况下都通用，因为对于一些企业来讲"等待"可能不具有可实施性或造成其成本更高。对于竞争性强的行业，由于投资机会也可能会很快被竞争对手识别，因此需要尽快抓住投资机会的先发优势，若迟迟犹豫是否投资，则会被竞争对手抢占投资机会，企业等待的期权价值可能无法弥补推迟投资损失的成本。因此，竞争程度高的行业内企业可能更倾向于提前行使实物期权（Dixit and Pindyck，1994），在竞争程度较低的行业，企业因推迟投资而被其他企业抢占市场的概率低，企业更可能倾向于等待。因此本书预期：当企业所在行业竞争程度越低时，中美贸易摩擦对企业固定资产投资的抑制效应越显著。

本书参照谭小芬和张文婧（2017），采用赫芬达尔指数（HHI）作为行业竞争程度的指标，HHI越小表示该行业竞争程度越大。本书根据HHI行业年度中位数分为竞争程度较低组和竞争程度较激烈组进行分组检验。表5－12第（1）列和第（2）列分组结果显示，在行业竞争程度较低组SUE_SHOCK系数显著为负，而在较高组不显著，说明行业竞争程度较低时，贸易摩擦对企业投资带来的削减效应更加显著。

表 5 - 12　　　　　中美贸易摩擦、等待期权价值与固定资产投资

变量	(1)	(2)	(3)	(4)	(5)	(6)
	INVEST	INVEST	INVEST	INVEST	INVEST	INVEST
	竞争程度低	竞争程度高	资产不可逆性越高	资产不可逆性越低	风险承担水平高	风险承担水平低
SUE_SHOCK	-0.008 ** (-2.45)	-0.001 (-0.56)	-0.005 ** (-1.99)	-0.003 (-1.23)	-0.001 (-0.20)	-0.007 *** (-2.63)
SIZE	0.470 (1.50)	0.096 (0.54)	0.381 * (1.73)	0.339 (1.56)	0.297 (1.57)	0.353 (1.06)
ROA	0.023 (1.22)	0.024 * (1.81)	0.048 *** (3.03)	0.006 (0.38)	0.036 ** (2.33)	0.015 (0.91)
LEV	-0.011 (-1.46)	-0.006 (-1.16)	-0.006 (-0.91)	-0.006 (-1.02)	-0.011 * (-1.84)	-0.002 (-0.34)
CASH FLOW	0.010 (0.83)	0.021 ** (2.48)	0.016 (1.41)	0.019 ** (2.22)	0.017 * (1.66)	0.017 * (1.66)
LOSS	-0.013 *** (-4.58)	-0.013 *** (-6.60)	-0.015 *** (-6.81)	-0.010 *** (-4.38)	-0.011 *** (-4.31)	-0.016 *** (-7.09)
BM	-0.019 *** (-8.92)	-0.009 *** (-6.79)	-0.015 *** (-9.58)	-0.009 *** (-5.85)	-0.014 *** (-8.77)	-0.010 *** (-5.77)
AGE	-0.030 (-1.60)	-0.043 *** (-4.08)	-0.037 *** (-2.84)	-0.022 * (-1.71)	-0.027 ** (-2.38)	-0.034 * (-1.76)
SOE	-0.002 (-0.38)	-0.011 *** (-2.93)	-0.009 * (-1.92)	-0.006 (-1.44)	0.002 (0.41)	-0.009 * (-1.86)
SA	0.626 (1.39)	0.109 (0.43)	0.511 (1.61)	0.456 (1.46)	0.384 (1.41)	0.477 (0.99)
R&D	0.123 ** (2.05)	0.112 *** (3.38)	0.149 *** (3.19)	0.116 *** (3.28)	0.049 (1.20)	0.197 *** (4.39)
BIG10	0.004 (1.51)	0.001 (0.46)	0.006 *** (3.07)	-0.003 (-1.52)	0.001 (0.57)	0.003 * (1.85)
FIRST	0.075 *** (5.58)	0.018 ** (2.00)	0.029 *** (2.60)	0.046 *** (4.35)	0.018 (1.63)	0.046 *** (4.01)

续表

变量	(1) INVEST 竞争程度低	(2) INVEST 竞争程度高	(3) INVEST 资产不可逆 性越高	(4) INVEST 资产不可逆 性越低	(5) INVEST 风险承担 水平高	(6) INVEST 风险承担 水平低
INSHR	0.041 *** (2.66)	0.034 *** (3.48)	0.037 *** (2.99)	0.032 *** (2.97)	0.027 ** (2.28)	0.044 *** (3.53)
DUAL	0.002 (0.62)	0.004 ** (1.97)	0.004 * (1.65)	0.003 (1.35)	0.004 * (1.73)	0.001 (0.29)
FOLLOW	0.005 *** (3.39)	0.007 *** (8.14)	0.009 *** (8.02)	0.003 *** (2.63)	0.007 *** (5.96)	0.007 *** (6.48)
EPU	0.000 (0.12)	−0.003 *** (−2.78)	−0.004 ** (−2.57)	−0.001 (−0.93)	−0.005 *** (−3.30)	−0.002 (−1.61)
PID	0.091 *** (4.52)	0.027 ** (2.20)	0.071 *** (4.54)	0.019 (1.39)	0.090 *** (5.50)	0.019 (1.25)
_cons	−6.700 (−1.55)	−1.358 (−0.55)	−5.344 * (−1.76)	−4.750 (−1.58)	−4.266 (−1.64)	−4.916 (−1.06)
FIRM	YES	YES	YES	YES	YES	YES
INDUSTRY	YES	YES	YES	YES	YES	YES
YEAR	YES	YES	YES	YES	YES	YES
N	7 585	14 282	11 285	10 582	11 136	10 628
F	45.138	65.303	78.197	33.900	48.283	52.759

注：*** 、** 、* 分别表示在 1% 、5% 和 10% 的水平上显著，括号内为 t 值。

2. 资产可逆性的影响

实物期权理论与净现值理论最大的区别在于前者考虑了企业投资的不可逆性以及企业的择时投资能力（Dixit and Pindyck，1994）。投资不可逆程度越高，企业在面临贸易环境动荡带来的经济不确定性时会引起更高的等待期权价值，此时进行投资承担的机会成本也就越高，企业在投资决策时也就会更加谨慎（谭小芬和张文婧，2017；Pindyck，1991）。因此，当企业资产不可逆性越强时，在贸易摩擦这种外部环境不确定性较高的情况下，会造成更大程度的投资规模削减。因此本书预期：企业资产不可逆性越强时，中美贸易摩擦对企业固定资产投资的抑制效应越显著。

由于固定资产投资具有资金投入大、可逆性较低、投资期限较长等特征，本书参考谭小芬和张文婧（2017）、李凤羽和杨墨竹（2015）及其他学者（Gulen and Ion，2016）对投资可逆性的度量方式，用固定资产所占比重（企业固定资产÷期初总资产）来衡量可逆性程度。固定资产在总资产中占比越高，其回收期越长，企业调整成本越大，资本的不可逆程度越高。本书按照固定资产占比行业年度中位数进行分组回归，表5－12第（3）列和第（4）列的分组回归结果显示，在固定资产占比较高组，SUE_SHOCK系数显著为负，而在固定资产占比较低组不显著，说明在资产不可逆性越强时，贸易摩擦会使企业在做出投资决策时更加谨慎，使其更大程度削减投资规模。

3. 企业风险承担水平对贸易摩擦与企业投资关系的影响

风险承担是企业投资决策中的一个重要环节，反映了企业在经营决策过程中对收益波动性的选择，代表了企业在追逐市场高额利润过程中愿意付出代价的倾向（Lumpkin et al.，1996）。中美贸易摩擦带来的贸易不确定性，使得企业在资本支出过程中承担更多的风险，但对于风险承担水平较高的企业，由于其本身就较少放弃高风险、高收益的投资机会，可以接受较高的收益波动性（刘志远等，2017），因此贸易摩擦可能无法明显收紧其投资决策。而对于风险承担水平较低的企业，其对于投资项目的损失规避动机本身就更强，当企业面临贸易摩擦时，会导致企业更倾向于规避高风险项目。因此根据企业风险承担水平的不同，中美贸易摩擦对企业资本支出的影响程度也存在差异。本书预期：企业风险承受水平越低，中美贸易摩擦对企业固定资产投资的抑制效应越显著。

本书参照张敏等（2015）、格里芬（Griffin et al.，2012）的衡量方式，采用经行业调整的个股回报率在（t－2）至（t＋2）五年内的标准差衡量企业风险承担水平，并按照该指标行业年度中位数分为风险承担水平较高组和风险承担水平较低组。表5－12第（5）列和第（6）列分组回归结果显示，在风险承担水平较低组，SUE_SHOCK系数显著为负，而在风险承担水平较高组不显著，说明企业风险承担水平较低时，贸易摩擦对企业投资带来的削减效应更加显著。

二、中美贸易摩擦对整体投资效率的影响

当出现中美贸易摩擦时，外部宏观环境不确定性增加，此时不仅仅是企业，甚至政府部门都会对贸易政策的制定更为谨慎，当新的贸易应对政策或扶持政策的速度和强度都不明确时，此时政府的干预程度降低。这种情况下，反而会使市场的作用更加明显（饶品贵等，2017），因此市场效率可能会更高。由上文的研究结论可知，中美贸易摩擦期间企业投资决策会变得更为谨慎，表现为削减其投资规模来应对贸易摩擦。那这种应对策略对企业整体投资决策来说是否为有效的应对策略？因此，本书进一步讨论在贸易摩擦下对企业整体投资效率的影响。

本书参照理查森（2006）的模型来估计投资效率，将投资支出分为两部分：一部分是维持公司正常资产运营的支出和预期的投资支出，另一部分是非预期支出，非预期支出为正代表过度投资，非预期支出为负代表投资不足。具体模型如下：

$$Invest_{i,t} = \beta_0 + \beta_1 Growth_{i,t-1} + \beta_2 Lev_{i,t-1} + \beta_3 Cash_{i,t-1} + \beta_4 List + \beta_5 Size_{i,t-1} +$$
$$\beta_6 Return_{i,t-1} + \sum \beta_k Year + \sum \beta_j Industry + \varepsilon \qquad (5.2)$$

其中，$Invest$ 衡量新增投资，$Invest =$（企业构建固定资产、无形资产和其他长期资产支付的现金 – 处置固定资产、无形资产和其他长期资产收回的现金净额）÷ 期初总资产；$Growth$ 衡量企业的成长性；Lev 为公司的资产负债率；$Cash$ 为公司持有的现金及等价物；$List$ 衡量公司的上市年龄；$Size$ 衡量企业规模，用总资产自然对数表示；$Return$ 为公司股票年度回报（刘慧龙等，2012）。对模型（5.2）控制行业年度进行回归，估计的残差绝对值（absinvestment）用来衡量投资效率。本书采用模型（5.2）进行了回归分析计算投资效率，详细的回归结果见表 5 – 13。从表 5 – 13 可以看出，首先，回归后 F 值为 261.633，调整 R^2 为 0.343，说明模型通过整体显著性检验且解释能力较强；其次，$Growth_{i,t-1}$、$Cash_{i,t-1}$、$Return_{i,t-1}$、$Invest_{i,t-1}$ 等解

释变量均与当期投资规模在1%水平上显著正相关，说明当上一期的企业成长性越高、上期现金流水平越高、上一期的股票回报率越高以及上一期的投资规模越大时，本期的投资规模也越大；$Lev_{i,t-1}$和$List_{i,t-1}$在1%水平上显著负相关，说明资产负债率越高，上市年限越久会限制投资规模的扩大。这也与已有研究如杨华军和胡奕明（2007）、辛清泉等（2007）、刘慧龙等（2012）、杨兴全等（2010）等的实证结果保持一致。最后，利用该回归后的残差表示投资效率，残差大于0代表投资过度，残差小于0代表投资不足，并对中美贸易摩擦与该残差进行回归检验当企业遭受中美贸易摩擦冲击时对企业投资效率的影响。

表 5 – 13　　　　　　　　　　　　　投资效率影响因素

变量	INVEST
$Growth_{i,t-1}$	0.007 *** （8.78）
$Cash_{i,t-1}$	0.073 *** （12.39）
$Lev_{i,t-1}$	− 0.006 *** （−2.72）
$Size_{i,t-1}$	− 0.001 ** （−2.08）
$Return_{i,t-1}$	0.006 *** （7.32）
$Invest_{i,t-1}$	0.487 *** （75.52）
$List_{i,t-1}$	− 0.008 *** （−9.81）
Constant	0.058 *** （6.37）
INDUSTRY	YES
YEAR	YES
Observations	17 492

续表

变量	INVEST
$Adjusted - R^2$	0.343
F	261.633

注: *** 、** 分别表示在1%、5%的水平上显著, 括号内为 t 值。

表 5 – 14 列示了中美贸易摩擦对企业投资效率的影响。第 (1) 列回归结果显示, SUE_SHOCK 系数在5%水平上显著为负, 说明当出口美国企业处于受美国贸易救济事件调查期间时, 其投资效率反而更高。进一步将投资效率样本分为过度投资与投资不足两组, 分别检验中美贸易摩擦对这两种情况的影响是否相同。表 5 – 14 第 (2) 列回归结果显示, 在过度投资样本中, $OVERINVESTMENT$ 与 SUE_SHOCK 在5%水平上显著负相关, 说明贸易摩擦显著抑制了企业过度投资; 第 (3) 列回归结果显示在投资不足的样本中, SUE_SHOCK 系数不显著, 说明中美贸易摩擦没有缓解企业投资不足, 因为对于投资水平本身就不足的企业, 其投资规模本身就低于最佳水平, 在受到中美贸易摩擦影响时, 企业管理层会更加面临现金流短缺以及厌恶风险投资等情况, 因此并不会缓解其投资不足的情况。

综上所述, 本书进一步发现, 在处于美国贸易救济事件调查期间时, 受影响企业整体投资效率提高, 且主要是抑制了过度投资, 对投资不足没有明显影响。因此, 可以说企业主要是对过度投资的项目进行了削减, 因此从整体上削减了企业的投资规模, 而提高了企业的整体投资效率。该结果说明在面对中美贸易摩擦时, 削减不必要的投资项目可以给企业带来一定的积极效应。

表 5 –14 中美贸易摩擦对投资效率的影响

变量	(1) ABSINVESTMENT	(2) OVERINVESTMENT	(3) UNDERINVESTMENT
SUE_SHOCK	– 0.004 ** (– 2.40)	– 0.008 ** (– 2.06)	– 0.001 (– 0.94)

续表

变量	（1） ABSINVESTMENT	（2） OVERINVESTMENT	（3） UNDERINVESTMENT
SIZE	0. 163 *** （3. 57）	0. 071 （0. 60）	0. 174 *** （4. 96）
ROA	0. 055 *** （6. 47）	0. 099 *** （3. 59）	0. 031 *** （5. 42）
LEV	0. 003 （0. 98）	0. 012 （1. 33）	0. 003 （1. 17）
CASH FLOW	− 0. 003 （− 0. 53）	0. 010 （0. 65）	− 0. 015 *** （− 4. 00）
LOSS	0. 000 （0. 04）	− 0. 003 （− 0. 86）	0. 004 *** （4. 53）
BM	− 0. 006 *** （− 7. 24）	− 0. 011 *** （− 4. 92）	− 0. 002 ** （− 2. 50）
SOE	− 0. 007 *** （− 2. 60）	− 0. 006 （− 0. 72）	− 0. 002 （− 0. 93）
SA	0. 212 *** （3. 24）	0. 064 （0. 38）	0. 246 *** （4. 86）
R&D	0. 002 （0. 09）	0. 003 （0. 04）	0. 012 （0. 70）
BIG10	0. 001 （0. 59）	0. 000 （0. 15）	0. 000 （0. 35）
FIRST	0. 036 *** （6. 09）	0. 064 *** （3. 97）	0. 011 ** （2. 58）
INSHR	0. 021 *** （3. 33）	0. 031 ** （2. 02）	0. 003 （0. 70）
DUAL	0. 002 （1. 37）	0. 008 ** （2. 16）	− 0. 000 （− 0. 44）
FOLLOW	− 0. 000 （− 0. 46）	− 0. 001 （− 0. 61）	− 0. 000 （− 0. 80）

续表

变量	(1)	(2)	(3)
	ABSINVESTMENT	*OVERINVESTMENT*	*UNDERINVESTMENT*
EPU	-0.005 *** (-6.17)	-0.010 *** (-4.61)	-0.002 *** (-3.19)
PID	0.244 *** (11.51)	0.459 *** (8.08)	0.103 *** (6.50)
_cons	-2.489 *** (-4.04)	-1.476 (-0.93)	-2.462 *** (-5.18)
FIRM	YES	YES	YES
INDUSTRY	YES	YES	YES
YEAR	YES	YES	YES
N	17 301	6 325	10 976
F	39.563	13.610	27.719

注：*** 、** 分别表示在 1%、5% 的水平上显著，括号内为 t 值。

三、中美贸易摩擦对企业固定资产投资的长期影响

前文研究结果发现，当企业处于美国救济事件诉讼期时，其面临的外部环境不确定性增加，此时投资决策更为谨慎，表现为企业投资支出显著降低，那贸易摩擦对企业投资支出带来的抑制效应是企业的缓兵之计还是长期存在？因此，本书进一步检验了贸易摩擦对企业未来三期的投资规模的影响。表 5-15 的回归结果显示，在 T+1 和 T+2 期时，*SUE_SHOCK* 系数不显著，说明企业没有持续降低其投资支出，而在 T+3 期时，*SUE_SHOCK* 系数显著为正，说明经过一段时间的谨慎投资策略之后，当企业认为贸易不确定性逐渐降低时，企业投资规模开始发生反转，表现为增加企业投资。以上结果表明从长期来看企业面临贸易摩擦时的策略性投资策略，即面临贸易摩擦时，企业会迅速缩减其当年的投资规模，但并不会长期持续。作为企业扩大再生产的重要组成部分，持续削减资本支出无法维持企业正常发展经营。当然，之后一段时间内也不会立马增加投资规模，

而是在所面临的贸易冲击逐渐平息时，企业才会重新加大投资支出。该结果也与已有文献保持一致，他们发现当经济政策不确定性问题得到解决后，投资水平会恢复（见表5-15）。

表5-15　　　　中美贸易摩擦对企业固定资产投资的长期影响

变量	（1）INVEST T+1	（2）INVEST T+2	（3）INVEST T+3
SUE_SHOCK	-0.001 (-0.40)	0.001 (0.36)	0.004 * (1.68)
SIZE	0.283 *** (9.38)	0.311 *** (9.44)	0.260 *** (6.98)
ROA	0.078 *** (7.32)	0.051 *** (4.56)	0.051 *** (4.34)
LEV	-0.028 *** (-6.85)	-0.021 *** (-4.71)	-0.004 (-0.82)
CASH FLOW	0.021 *** (3.07)	0.029 *** (4.07)	0.011 (1.40)
LOSS	-0.012 *** (-7.03)	-0.010 *** (-5.81)	-0.002 (-0.98)
BM	-0.010 *** (-8.89)	-0.008 *** (-6.58)	-0.004 *** (-3.63)
SOE	-0.009 *** (-2.99)	-0.004 (-1.19)	0.007 ** (1.96)
SA	0.436 *** (10.07)	0.488 *** (10.33)	0.418 *** (7.82)
R&D	0.078 *** (2.63)	0.020 (0.60)	0.005 (0.12)
BIG10	0.002 * (1.67)	0.003 ** (2.21)	0.000 (0.15)
FIRST	0.028 *** (3.55)	0.037 *** (4.31)	0.061 *** (6.30)

续表

变量	（1）	（2）	（3）
	INVEST	*INVEST*	*INVEST*
	T + 1	T + 2	T + 3
INSHR	0.055 *** （6.65）	0.043 *** （4.83）	0.011 （1.11）
DUAL	0.002 （1.27）	0.003 （1.58）	0.002 （0.85）
FOLLOW	0.007 *** （8.63）	0.000 （0.08）	− 0.003 *** （− 3.51）
EPU	0.005 （1.01）	0.044 *** （4.70）	0.002 * （1.68）
PID	− 0.004 （− 0.28）	0.010 （0.79）	− 0.250 *** （− 8.36）
_cons	− 3.666 *** （− 8.93）	− 4.042 *** （− 8.81）	− 3.064 *** （− 6.14）
FIRM	YES	YES	YES
INDUSTRY	YES	YES	YES
YEAR	YES	YES	YES
N	20 277	17 505	14 958
F	102.057	81.134	53.215

注：*** 、** 、* 分别表示在1%、5%和10%的水平上显著，括号内为 t 值。

第六节　本章小结

　　本章从企业固定资产投资的角度探讨在当前复杂多变的国际贸易格局下，中美贸易摩擦的频繁发生对我国微观企业投资决策的影响。利用2006~2016年匹配到的上市公司层面海关出口数据获得企业出口美国数据，通过中国贸易救济信息网手工收集美国对中国提起的贸易救济诉讼案件，并追踪案件从初审立案开始的发展全过程来获得中美贸易摩擦数据，探讨了在遭受贸易摩擦时对企业固定资产投资水平的影响。研究发现：（1）如果企业当年存在对美出口，而且所在行业处于美国贸易救济事件调查期间，会显著降低企业的固定资产投资水平。该结果说明，当企业面临贸易争端时，伴随着美国对我国企业的制裁力度的加大以及我国贸易政策不确定性的增加，企业管理层更难判断未来的增长前景，投资会更为谨慎，表现为缩减其投资规模。（2）经过一系列稳健性检验后，如利用出口美国关税的大幅变动衡量贸易摩擦，发现当出口美国关税大幅增加及关税不确定性较高时，受贸易摩擦影响的出口美国企业资本支出水平显著降低；通过改变企业投资的衡量方式、剔除裁定结果为否定性反倾销与反补贴案件、PSM解决内生性、Heckman两阶段解决内生性等方法后，本书研究结果均保持不变。（3）通过融资约束与实物期权两个机制进行分析，研究结果发现，中美贸易摩擦对企业投资水平的抑制效应主要在融资约束较强以及等待价值较高如资产可逆性越低、行业竞争程度越低以及风险承担水平较低时更加显著。（4）中美贸易摩擦降低了企业整体投资水平，但却提高了企业整体投资效率。将非效率投资分为投资不足和过度投资分别检验时，发现显著降低了过度投资，对投资不足的影响并不显著，说明对企业整体投资效率的提高主要是通过降低过度投资实现的。（5）中美贸易摩擦对企业投资的削减效应并不是长期存在的，在未来3年内会逐渐发生反转。以上结论说明，面对中美贸易摩擦对我国上市企业带来的负面冲击，我国企业通过削减投资规模来调整其投资决策进行应对，并且该调整策略反而提高了企业整体投资效率，削减了企业的过度投资，是有效的应对策略。

本章从企业微观层面考虑了国际贸易环境变化所造成的经济不确定性上升对企业投资决策的影响，并对其影响机制进行了深入分析，丰富了有关贸易经济不确定性与投资决策方面的文献。本章研究也为我国企业如何应对国际贸易格局的转变提供了中国的经验证据，国际上相关文献研究了经济政策不确定性对投资支出的影响（Durnev，2012；Julio and Yook，2012，Gulen and Ion，2016），但他们的研究对象主要是发达国家，在这些国家中市场经济较为成熟，市场力量在资源配置中起着重要的作用，中国在从计划经济体制转为社会主义市场经济体制的过程中，政府"有形之手"会进行干预，出台的各种政策在经济运行中起着重要的作用，因此中国与发达经济体调节经济运行的方式存在巨大的差别。本章基于我国特有的国情，探究中美贸易摩擦这一外生冲击造成的不确定性如何影响企业投资决策，同时也为企业如何在贸易摩擦的影响下制定合理有效的投资策略以及合理的相关外贸政策提供了实证依据。

第六章 中美贸易摩擦与企业创新投资

第一节 问题提出

中美贸易摩擦的频繁出现，使中国企业面临越来越多的反倾销诉讼、关税加征等制裁措施（王孝松和谢申祥，2009；李春顶，2011；周灏，2015）。在遭受贸易制裁后，我国企业所面临的贸易政策不确定性增加，导致中国企业出口难度增加、经营风险与产品市场竞争增加（Lu et al.，2013），使中国内部产品市场以及外部出口市场均面临着更加严峻的挑战。面对贸易摩擦，企业如何更好地应对贸易冲击已经成为保证宏观经济平稳运行的一项重要的社会与经济议题。第五章从企业固定资产投资水平的角度讨论了中美贸易摩擦时企业的应对策略，发现中美贸易摩擦会影响企业投资决策，表现为抑制了企业投资规模。但是重大风险预期与不确定性不但会影响投资规模，还会影响投资结构。尽管已有很多文献从经济政策不确定性角度探讨了其对微观企业活动如企业投资的影响，但经济活动中非常重要的一个环节——创新投资却被大部分研究所忽视。

企业调整策略应对外部宏观冲击，一种是进行贸易转移，寻找新的出口市场进行替代；另一种是进行技术革新，通过生产其他差异化产品来躲避贸易壁垒（Li et al.，2010）。与一般的固定投资不同，研发投资一旦创新成功，其新产品和新技术的问世，将有助于提升企业核心竞争力和重新抢占市场的能力，可以有效对抗市场需求波动。因此，这种情况下企业会有动力通过研发创新来增强竞争力。布鲁姆（2007）也指出，虽然不确定性会给投资、就业、生产率等方面带来暂时的负面冲击，但是由于调整成本特征的差异，它对创新投资有着不同的影响，不确定性与创新投资之间的关系是一个重要的话题。阿塔纳索夫等（2005）使用美国选举来衡量政治不确定性，也发现政治不确定性的上升会增加企业 R&D 投入。这些研究均发现，外部环境不确定性的改变对企业投资活动的影响是不能一概而论的，不同类别的经营活动造成的影响不同。尽管外部环境不确定性的上升抑制了企业物质资本投资，但由于创新活动自身的特殊性，企业却可能将部分投资转移至创新投入。因此，贸易摩擦所造成的贸易经济政策不确定性的改变对创新活动的影响可能不同于普遍意义上的投资活动。

因此，本章从企业创新投资角度出发，进一步对以下问题进行讨论：在中美贸易发生摩擦时，面对国内外产品市场竞争改变及贸易环境不确定性增加，中国企业会如何调整创新策略以应对贸易冲击？中美贸易摩擦是否倒逼企业进行更多的创新？作用机制又是什么？是否同时真正提高了企业的创新质量？该影响是短暂影响还是长期影响？还鲜有文献对这些问题进行深入研究。

第二节　理论分析与假设提出

随着中国技术水平快速发展，甚至在部分领域对美国形成加速赶超之势，美国的危机意识增强，这是造成中美贸易摩擦不断升级的重要原因之一。美国多次对华出口产品加征关税，频繁发动反倾销、反补贴、保障措施等贸易调查和贸易制裁，对中国相关企业形成巨大负面冲击。

目前已有研究较多从贸易转移、社会福利、就业水平、金融市场等宏观经济层面探讨贸易摩擦的经济后果。首先，贸易摩擦最直接的影响就是贸易抑制效应与转移效应，它会导致企业出口规模下降甚至退出该市场（Besede and Prusa，2013；蒋为和孙浦阳，2016），也可能通过转回国内市场销售或者不断拓展其他海外市场来弥补所丢失的市场份额（Li and Whalley，2010）。其次，贸易摩擦会对双方国家 GDP、居民福利造成"双输"结果（崔连标等，2018），甚至美国居民的福利损失总体上比中国更大（倪红福等，2018），对劳动力市场造成短期震荡（薛同锐和周申，2017），导致国内各金融市场自身风险大幅上升（方意等，2019）。也有部分文献从微观企业层面探讨了贸易摩擦对企业生产经营及财务行为方面的影响，中国企业在遭受欧美国家连续的反倾销制裁后，整体企业生产率下降（Chandra and Long，2013；谢申祥等，2017），对企业经营绩效与融资状况均产生负面影响，公司资本市场压力和政治成本急剧增加（蒋为和孙浦阳，2016；Lu et al.，2013；沈国兵，2008；巫强等，2015），但现有文献较少讨论中国企业遭受贸易摩擦时对其创新投资的影响。

有关贸易冲击对企业创新影响的文献，大多研究贸易冲击对发起制裁国创新的影响，而且部分结论认为中国进口竞争抑制了美国企业专利申请（Autor et al.，2017），然而也有研究认为通过创新活动可以更好地帮助美国企业应对来自中国的进口竞争造成的贸易冲击（Lie and Yang，2017；Hombert and Matray，2018）。魏浩等（2019）研究发现美国的进口竞争对中国企业的专利申请结构起到了改善作用，在应对中美贸易摩擦时，中国企业应优化创新环境，增加研发投入。仅有少数学者通过理论模型或早期数据讨论了贸易摩擦对被制裁国企业创新的影响，伊顿和克特姆（Eaton and Kortum，2001）通过基线模型讨论了贸易壁垒降低对创新的影响，由于市场规模扩大造成进口竞争加剧的抵消效应，贸易壁垒降低对创新不存在影响；谢申祥和王孝松（2013）发现反倾销会激励被制裁国企业进行研发创新；米亚基瓦等（Miyagiwa et al.，2015）基于相互倾销模型发现当两国市场规模相当时，双边反倾销会减少两国企业研发投入。可以看出，已有文献更多考察进口竞争所造成的贸易冲击对高收入国家企业创新的影响，较少有文献从微观企业层面关注对被制裁国企业创新水平的影响。而贸易制裁对被制裁国企业造成的影响更为直接和重要，那么美国对中国施加的贸易制裁会对我国企业创新产生怎样的影响？

一方面，中美贸易摩擦可能会促进企业创新。首先，中美贸易摩擦导致企业面临的贸易政策不确定性逐渐上升，使得外部动态环境难以预期，此时企业无法准确获取顾客需求变化，为了摆脱信息不完全的困境，创新活动可能成为企业在不确定性下韬光养晦的恰当选择。此时加大研发力度进行"抢占性"投资，利用探索式搜寻有效捕捉乃至引领顾客需求，当贸易政策稳定或局势明朗之后，企业便能凭借研发部门所创新的新技术和新产品迅速抢占市场地位、获得更多市场份额（Miller and Friesen，1982、汪丽等，2012）。增长期权理论也提出通过初始投资如研发投资为企业带来的在未来一段时间进行某种经济活动（如开发新产品）的权利，也是给企业带来的增长机会。当不确定性越大时，未来收益的上限就会越高，增长期权的价值也就越大，因此会提升企业投资支出的意愿。根据增长期权理论，当企业面临贸易摩擦带来的不确定性增加时，此时通过培育新产品、开发新市场，可能在未来给企业带来更高的收益，此时企业会更有动机进行研发投资。此外，奈特（1921）指出，企业家是自身创新活动的投资者和决策者，不确定性是企业利润的核心来源，假如未来的变动可以预测，企业的利润就消失了，因而不确定性的存在可能促使企业增加创新投入。因此，创新可以成为企业在面临贸易摩擦的负面冲击时的"自救策略"。其次，中美贸易摩擦导致的贸易转移效应导致出口产品转向国内市场销售，加剧国内产品市场竞争。列和杨（2017）以及洪伯特和马特雷（Hombert and Matray，2018）指出企业创新可以帮助企业应对来自中国进口竞争带来的贸易冲击，那么同样的道理，出口企业会通过增加研发投资增强其核心竞争力应对激烈的竞争挑战，同时有更强的动机进行新品研发，提高产品差异化以规避贸易壁垒，弥补丢失的市场份额（Aghion et al.，2005）。再次，出口企业出口至美国这样的发达国家时，由于学习效应和溢出效应会吸收到更多的先进技术（Fritsch and Görg，2015；Almeida，1996），长此以往导致企业对发达国家的技术产生依赖，也会导致贸易制裁之后给企业带来较大的负面影响，要想摆脱该困境，公司就有可能会增加创新投资，通过增强自主创新能力改善出口产品的技术含量和不可替代性，从而提升产品在全球产业链和价值链上的位置（魏明海和刘秀梅，2021）。最后，贸易摩擦的发生会给企业带来较大的经营压力和风险感知，此时也可能会刺激企业通过更多的产品渠道和技术创新来应对市场环境变化带来的冲击，以期增强企业的生存能力和竞争优势，以及提高企业应对贸易摩擦挑战的能力。

另一方面，中美贸易摩擦可能会抑制企业创新。首先，在日渐升级的中美贸易摩擦中，中国贸易政策面临的不确定性逐渐上升。研发活动作为本身不确定性较大的投资活动，很大程度上受经济不确定性及其变化的影响。在经济不确定性升高的情况下，研发活动本身又有着研发周期长、资金投入大、结果不确定性较高的特点，如果企业为研发活动投入大量资金，一旦遭遇贸易摩擦，很可能导致创新投资无法给企业带来预期收益。因此，为实现企业经营正常运行，企业会规避一些风险较高的投资项目，因此会延缓研发投资决策，直至确定的贸易政策信息披露（郝威亚等，2016）。陈和芬克（Chen and Funke，2003）指出，市场投资风险加大会使企业对投资决策异常谨慎并尽量抑制高风险项目投入。其次，激烈的贸易竞争对企业劳动生产率、经营业绩与融资状况等均产生负面影响（蒋为和孙浦阳，2016），此时企业也有可能由于经营业绩恶化、利润下降、外源融资能力不足而抑制研发（李双杰等，2020）。最后，贸易竞争导致的贸易转移效应会增加国内产品市场竞争程度，降低创新的预期收益，从而使企业减少创新投资（Dasgupta and Stiglitz，1980，Autor et al.，2017）。

综上可以看出，中美贸易摩擦既可能促进企业创新也可能抑制企业创新，据此，本书提出以下竞争性假设：

H6 - 1：在其他条件相同的情况下，中美贸易摩擦会倒逼企业创新；

H6 - 2：在其他条件相同的情况下，中美贸易摩擦会抑制企业创新。

第三节　研究设计

一、样本选择

与前文一致，为了验证中美贸易摩擦造成的影响，本章主要针对贸易冲突事件和出口美国关税变动进行研究，贸易冲突事件数据源于贸易救济信息网，手工整理 2006~2016 年美国对我国提起的每宗贸易救济案件，追踪从立案到结案的整个诉讼期间，相比已有一些研究仅限于立案时点的研究更加完整，在确定贸易冲突期间后，将判断每一个行业是否是被诉行业以及是否处于被诉期间；另外还使用出口美国关税数据重新衡量中美贸易摩擦进行稳健性检验，关税数据取自美国关税总局披露的美国自其他国家进口数据，计算中国公司面临的出口关税情况。

出口美国数据源于海关数据库，为了将以上数据对应到我国上市公司，我们手工收集上市公司名称及其关联子公司名称信息，利用企业名称与海关数据库配对，最终获得上市公司 3 166 313 条出口贸易数据，对同年度同一上市公司出口贸易数据合并后，得到与海关出口数据相匹配的 13 672 个公司—年度出口记录。创新数据源于 CNDRS 数据库，其他财务数据源于 CSMAR 数据库和 Wind 数据库。

本书获得初始样本——27 417 个公司—年度观测值，删除金融行业样本 706 个，删除其他财务数据缺失样本，在将美国标准产业行业代码（SIC）与我国证监会行业代码进行匹配后，最终获得出口关税变动对企业创新投入与产出样本 14 158 个和 14 160 个公司—年度观测值。为避免异常值影响，本书对所有连续变量在 1% 和 99% 处进行了 Winsorize 处理。

二、研究模型

本书参照田等（2014）设置模型（6.1）检验中美贸易摩擦对企业创新的影响。为控制企业自身特征对创新的影响，本书所有回归均控制了公司个体固定效应：

$$
\begin{aligned}
INNOVATION =\ & \alpha_0 + \alpha_1 SUE\_SHOCK + \alpha_2 SIZE + \alpha_3 LEV + \alpha_4 ROA + \\
& \alpha_5 LOSS + \alpha_6 SOE + \alpha_7 BM + \alpha_8 BIG10 + \alpha_9 FIRST + \\
& \alpha_{10} INSHR + \alpha_{11} AGE + \alpha_{12} HHI + \alpha_{13} DUAL + \alpha_{14} ANALYST + \\
& \alpha_{15} FIRM\ FE + \sum YEAR + \sum INDUSTRY + \varepsilon \qquad (6.1)
\end{aligned}
$$

三、变量定义

（一）因变量

为了研究中美贸易摩擦对企业创新的影响，本章从创新投入和创新产出两方面进行衡量，被解释变量分别为研发投入和专利申请数量。本书参考易靖韬等（2018）、倪骁然和朱玉杰（2016），采用 *R&D*（研发费用）占总销售收入比例衡量企业研发投入，当 *R&D* 数据缺失时，使用 0 进行替代；参考田和王（2014），采用专利申请数量的对数衡量企业创新产出，包括专利申请总数（*LSUM*）及各分类专利申请数量，涵盖发明专利（*IN_SUM*）、实用新型专利（*UM_SUM*）及外观专利（*DES_SUM*）三种类型。

（二）自变量

首先，依据嘉德赛等（2017）的研究，本书使用贸易救济案件衡量贸易摩擦，2006～2016 年美国对中国出口产品共发起 138 次贸易救济诉讼，我国贸易救济信息网披露了美国对华发起的反倾销、反补贴及保障措施诉讼，本书手工整理所有案件自初审立案以来至研究样本期间的发展进程，当案件处于调查期间时，*SUE_INDUS* 取值为 1，说明处于贸易摩擦状态，由于这些贸易摩擦事件受影响的通常不仅是被诉企业而是整个行业，因此我们将该行业视为贸易摩擦行业。当企业出口美国同时所属行业处于贸易救济事件调查期时，*SUE_SHOCK* 赋值为 1，否则为 0。其次，参照黄等（2014）使用美国进口关税大幅变动衡量贸易摩擦进行稳健性检验，当美国对我国出口商品所征关税发生较大变化，即所在行业关税相比去年的出口关税变化率高于（低于）所有行业一年度中位数的变化率 3 倍以上，且具有出口美国业务时，则 *IN_SHOCK*（*DE_SHOCK*）取 1，认为出口美国关税大幅增加（降低），否则取值为 0；当该年关税大幅增加（减少）而下一年又反向变动大幅降低（增加）时，说明关税波动较大，且当其同时具有美国出口业务时，*UNCERTAIN_SHOCK* 取值为 1，认为其出口美国关税面临大幅波动，否则为 0。总之，当企业面临美国进口关税大幅变动时，*TARIFF_SHOCK* 取值为 1，否则为 0。

（三）控制变量

另外，本书借鉴何和田（2013）、倪骁然和朱玉杰（2016）等控制相关变量，包括企业规模（*SIZE*）、资产收益率（*ROA*）、资产负债率（*LEV*）、亏损情况（*LOSS*）、上市年龄（*AGE*）、账面市值比（*BM*）、第一大股东持股比例（*FIRST*）、机构投资者持股（*INSHR*）、是否被十大事务所审计（*BIG10*）、是否两职合一（*DUAL*）、市场竞争（*HHI*）、分析师跟踪人数（*ANALYST*）。具体变量定义见表 6 – 1。

表 6 – 1 变量定义

变量	变量释义
创新变量	
R&D	研发投入占比 = 本期研发投入总额 ÷ 销售总额
LSUM	申请专利数 = Ln（申请专利总数 + 1）
IN_SUM	申请发明专利数 = Ln（申请发明型专利数量 + 1）
UM_SUM	申请实用专利数 = Ln（申请实用型专利数量 + 1）
DES_SUM	申请外观专利数 = Ln（申请外观型专利数量 + 1）
出口贸易变量	
EXPORT_US	是否有美国出口业务，有取值为 1，否则为 0
贸易摩擦变量	
SUE_SHOCK	企业所属行业处于贸易救济事件调查期，且存在美国出口业务时取值为 1，否则为 0
SUE_INDUS	企业所属行业处于贸易救济事件调查期时取值为 1，否则为 0
TARIFF_SHOCK	所在行业美国进口关税大幅变动，且存在美国出口业务时取值为 1，否则为 0。关税大幅变动包括关税大幅上升（*IN_SHOCK*）、关税大幅下降（*DE_SHOCK*）与关税波动较大（*UNCERTAIN_SHOCK*）三种情况
IN_SHOCK	美国进口关税大幅上升。出口美国企业所在行业当年美国进口关税相比去年的美国进口关税变化率高于所有行业—年度中位数的变化率 3 倍以上，则 *IN_SHOCK* 取值为 1，认为关税大幅增加，否则为 0

续表

变量	变量释义
贸易摩擦变量	
DEC_SHOCK	美国进口关税大幅下降。出口美国企业所在行业当年美国进口关税相比去年的美国进口关税变化率低于所有行业一年度中位数的变化率3倍以上，则 DE_SHOCK 取1，认为关税大幅降低，否则为0
UNCERTAIN_SHOCK	美国进口关税波动较大。出口美国当该年关税大幅增加（减少）而下一年又大幅降低（增加）时，UNCERTAIN_SHOCK 取值为1，认为关税面临较大不确定性，否则为0
控制变量	
SIZE	总资产对数
LEV	资产负债率
ROA	资产收益率
SOE	产权性质，国企取值为1，否则为0
LOSS	企业当年发生亏损取值为1，否则为0
AGE	Ln（企业上市年数＋1）
BM	账面市值比
FIRST	第一大股东持股比例
INSHR	机构投资者持股比例
BIG10	十大事务所审计取值为1，否则为0
DUAL	董事长与总经理两职合一取值为1，否则为0
HHI	赫芬达尔指数
ANALYST	分析师跟踪人数加1取对数

第四节 实证结果及分析

一、描述性统计

（一）变量描述性统计表

表6－2为相关变量的描述性统计。数据显示，样本中 R&D 投入占销

售收入比（R&D）均值为 2.34% ，中位数为 0.72% ，最大值为 20.42% ，说明企业间研发投入占比存在较大差异。专利申请总数（LASUM）的均值为 23.2623 ，发明型专利（IN_SUM）均值为 10.5174 ，实用型专利（UM_SUM）均值为 9.6026 ，外观型专利（DES_SUM）均值为 3.1423 （取对数之前）。

表 6 - 2 变量描述性统计

变量	N	MEAN	SD	P25	P50	P75	MIN	MAX
R&D	22 876	0.0234	0.0351	0	0.0072	0.0358	0	0.2042
LSUM	22 923	1.3309	1.5478	0	0.6931	2.4849	0	5.9108
IN_SUM	22 923	0.8589	1.1984	0	0	1.6094	0	4.9416
UM_SUM	22 923	0.8540	1.2680	0	0	1.6094	0	5.1417
DES_SUM	22 923	0.3254	0.8512	0	0	0	0	4.2767
EXPORT_US	22 923	0.3908	0.4879	0	0	1	0	1
IN_SHOCK	14 160	0.0908	0.2874	0	0	0	0	1
DEC_SHOCK	14 160	0.1035	0.3046	0	0	0	0	1
UNCERTAIN_SHOCK	14 160	0.0641	0.2449	0	0	0	0	1
TRADE_INDUS	22 923	0.5793	0.4937	0	1	1	0	1
SUE_SHOCK	22 923	0.3054	0.4606	0	0	1	0	1
SIZE	22 923	21.8110	1.2907	20.9010	21.6700	22.5560	18.9640	25.7820
ROA	22 923	0.0367	0.0611	0.0128	0.0360	0.0652	-0.2426	0.2063
LEV	22 923	0.4582	0.2327	0.2782	0.4525	0.6223	0.0478	1.2019
LOSS	22 923	0.1627	0.3691	0	0	0	0	1
SOE	22 923	0.4484	0.4973	0	0	1	0	1
BM	22 923	0.8639	0.8213	0.3411	0.5906	1.0687	0.0796	4.5999
BIG10	22 923	0.3832	0.4862	0	0	1	0	1
FIRST	22 923	0.3548	0.1512	0.2341	0.3351	0.4625	0.0876	0.7498
AGE	22 923	2.0168	0.8710	1.3863	2.3026	2.7081	0.0000	3.1781

续表

变量	N	MEAN	SD	P25	P50	P75	MIN	MAX
INSHR	22 923	0.0730	0.0756	0.0159	0.0519	0.1010	0.0001	0.3620
HHI	22 923	0.2593	0.0757	0.2171	0.2317	0.2740	0.2022	0.6693
DUAL	22 923	0.2275	0.4192	0	0	0	0	1
ANALYST	22 923	1.4746	1.1300	0	1.3863	2.3979	0	3.6636

从有关中美贸易摩擦变量的描述性统计可看出，依据美国贸易救济事件发生的诉讼期间进行统计，涉及的行业较广，对应有 57.93% 的样本所在行业经历过贸易救济事件诉讼（TRADE_INDUS），30.54% 的样本出口美国时仍处于贸易诉讼期内（SUE_SHOCK），表明我国企业出口美国面临着频繁的贸易措施。有 9.08% 的样本经历了美国关税大幅增加，6.41% 的样本经历了关税高度不确定，10.35% 的样本经历了美国关税大幅下降。在其他控制变量中，企业规模（SIZE）的均值为 21.8110，资产负债率（LEV）均值为 45.82%，资产收益率（ROA）均值为 3.67%，有 44.84% 的企业为国有企业（SOE），38.32% 的企业被十大会计师事务所审计（BIG10），16.27% 的企业出现亏损（LOSS），22.75% 的企业董事长与总经理两职合一（DUAL），第一大股东持股比例（FIRST）均值为 35.48%，机构投资者持股比例（INSHR）均值为 7.3%。以上变量统计均与已有文献基本保持一致。

（二）相关系数检验

表 6-3 为本章主要变量的相关系数表，结果显示 R&D 与 SUE_SHOCK 呈正相关关系且在 1% 水平上显著，初步表明相比于未直接受到中美贸易摩擦影响的企业，当企业受到中美贸易摩擦影响且有出口美国业务时，企业创新投入较多；LASUM、IN_SUM、UM_SUM 均与 SUE_SHOCK 呈正相关关系且在 1% 水平上显著，说明相比于未直接受到中美贸易摩擦影响的企业，当企业受到中美贸易摩擦影响且有出口美国业务时，企业创新产出也较多。初步证明中美贸易摩擦对企业创新产生了"倒逼"效应，支持 H6-1。其他所有变量的相关系数均低于 0.5，说明本书不存在严重的共线性问题。

表6-3 相关系数

变量	R&D	LASUM	IN_SUM	UM_SUM	SUE_SHOCK	SIZE	ROA	LEV	SOE	BM	FIRST	INSHR	HHI	FOLLOW
R&D	1													
LSUM	0.323***	1												
IN_SUM	0.344***	0.885***	1											
UM_SUM	0.126***	0.586***	0.393***	1										
SUE_SHOCK	0.152***	0.353***	0.320***	0.205***	1									
SIZE	-0.156***	0.153***	0.180***	0.077***	0.051***	1								
ROA	0.107***	0.120***	0.110***	0.104***	0.034***	0.038***	1							
LEV	-0.376***	-0.137***	-0.106***	-0.073***	-0.098***	0.316***	-0.405***	1						
SOE	-0.293***	-0.106***	-0.066***	-0.069***	-0.048***	0.309***	-0.119***	0.274***	1					
BM	-0.266***	-0.037***	-0.024***	-0.045***	-0.051***	0.578***	-0.227***	0.501***	0.311***	1				
FIRST	-0.116***	0.054***	0.036***	0.031***	-0.00800	0.246***	0.119***	0.012**	0.215***	0.118***	1			
INSHR	-0.00400	0.056***	0.072***	0.079***	0.013**	0.142***	0.171***	0.050***	0.038***	-0.063***	-0.098***	1		
HHI	-0.057***	0.00400	-0.019***	0.011*	-0.023***	0.037***	-0.00200	0.017***	0.027***	0.013***	0.040***	0.00500	1	
ANALYST	0.160***	0.277***	0.273***	0.176***	0.096***	0.398***	0.386***	-0.157***	-0.056***	-0.00900	0.133***	0.384***	0.050***	1

注：***、**、*分别表示在1%、5%和10%的水平上显著，括号内为t值。

（三）单变量差异性检验

表6－4为中美贸易摩擦企业组与非中美贸易摩擦企业组创新水平的单变量差异性检验，可以看出，无论是均值 T 检验还是中位数 Z 检验，中美贸易摩擦企业组（$SUE\_SHOCK=1$）的研发投入（$R\&D$）和专利申请总数（$LSUM$）均显著高于非中美贸易摩擦企业组（$SUE\_SHOCK=0$），进一步将专利分为发明专利（IN_SUM）、实用专利（UM_SUM）及外观型专利（DES_SUM）后，中美贸易摩擦企业组的三类专利申请数也均显著高于非中美贸易摩擦企业组，而且对美出口企业的研发投入占比均值高出对照组56%，再看专利总数和分项专利统计，高出对照组100%以上，差异更大，初步说明面对中美贸易摩擦，我国企业表现出坚韧和坚持不懈的创新精神，H6－1初步得到验证。

表6－4　　　　　　　　　　　　单变量检验表

变量	SUE_SHOCK = 1		SUE_SHOCK = 0		MEANDIFF	T – TEST	Z – TEST
	样本	均值	样本	均值			
$R\&D$	7 000	0.0312	15 876	0.0200	0.0114	22.8797 ***	45.520 ***
$LSUM$	7 000	2.1575	15 923	0.9676	1.1899	57.3200 ***	54.795 ***
IN_SUM	7 000	1.4405	15 923	0.6033	0.8372	51.4488 ***	51.338 ***
UM_SUM	7 000	1.4412	15 923	0.5958	0.8454	48.8532 ***	47.714 ***
DES_SUM	7 000	0.5893	15 923	0.2094	0.3799	31.7994 ***	31.626 ***

注：***、**、*分别表示在1%、5%和10%的水平上显著，括号内为 t 值。

二、主回归结果

本章主要研究美国对我国发起的贸易摩擦对我国企业创新的影响。由于美国多次对我国出口产品加征关税，除此之外，还多次利用该国法律条款单边对我国出口产品发动反倾销、反补贴、特别保障措施等贸易救济诉讼，涉及化学制品、电气设备、光伏设备、车船运输设备等多种中高端产品，因此本章首先利用美国对中国提起的贸易救济诉讼衡量贸易摩擦，利用模型（6.1）检验了企业遭受美国贸易救济事件立案调查对企业创新的影响。表6-5回归结果显示，不论对于研发投入还是专利申请总数，SUE_SHOCK 系数均显著为正，说明如果企业当年存在对美出口，而且所在行业处于美国贸易救济事件调查期内，企业会加大研发投入与研发产出。进一步，将专利类型区分为发明型专利、实用型专利、外观型专利再次回归，SUE_SHOCK 系数均显著为正，说明这三类专利申请数量均获得增加。该结果说明，在经历贸易摩擦时，面对美国的贸易制裁，企业出口美国难度增加，这将会导致贸易转移或是出口回流，在逆境中企业没有退路，若想维持长久发展，唯有通过技术创新来增强企业核心竞争力来进行"自救"，H6-1得到验证。

表6-5　　　　　　　　　　　中美贸易摩擦对企业创新的影响

变量	（1）	（2）	（3）	（4）	（5）
	$R\&D$	IN_SUM	UM_SUM	DES_SUM	$LASUM$
SUE_SHOCK	0.001 *** （3.10）	0.088 *** （4.89）	0.114 *** （6.10）	0.027 * （1.92）	0.110 *** （4.99）
SIZE	0.001 *** （3.47）	0.052 *** （4.60）	0.034 *** （2.96）	0.015 * （1.72）	0.041 *** （3.01）
ROA	−0.016 *** （−5.80）	0.015 （0.14）	−0.037 （−0.34）	−0.107 （−1.32）	−0.227 * （−1.76）
LEV	−0.011 *** （−10.41）	0.027 （0.68）	−0.027 （−0.64）	0.006 （0.19）	−0.042 （−0.84）
LOSS	0.003 *** （6.79）	0.050 *** （3.05）	0.042 ** （2.48）	−0.001 （−0.09）	0.037 * （1.82）
SOE	−0.000 （−0.34）	0.097 *** （3.24）	0.085 *** （2.74）	−0.002 （−0.07）	0.106 *** （2.90）
BM	−0.002 *** （−7.96）	0.032 *** （2.91）	0.039 *** （3.46）	0.017 ** （1.98）	0.060 *** （4.53）

续表

变量	(1)	(2)	(3)	(4)	(5)
	R&D	IN_SUM	UM_SUM	DES_SUM	LASUM
BIG10	0.001 (1.61)	0.029 ** (2.26)	0.033 ** (2.46)	−0.007 (−0.69)	0.033 ** (2.06)
FIRST	−0.009 *** (−4.58)	−0.367 *** (−5.04)	−0.336 *** (−4.48)	−0.047 (−0.85)	−0.475 *** (−5.34)
AGE	0.002 *** (5.51)	0.162 *** (9.59)	0.102 *** (5.84)	−0.004 (−0.32)	0.167 *** (8.10)
INSHR	−0.003 (−1.21)	0.015 (0.19)	−0.057 (−0.67)	−0.080 (−1.26)	−0.056 (−0.55)
HHI	0.001 (0.59)	−0.240 *** (−2.86)	−0.384 *** (−4.43)	−0.057 (−0.89)	−0.366 *** (−3.57)
DUAL	−0.001 * (−1.79)	−0.013 (−0.81)	−0.011 (−0.63)	0.023 * (1.81)	−0.026 (−1.28)
ANALYST	0.000 * (1.66)	0.006 (0.78)	0.013 * (1.78)	0.011 ** (2.05)	0.008 (0.93)
Constant	−0.003 (−0.50)	−0.763 *** (−3.38)	−0.218 (−0.94)	−0.042 (−0.24)	−0.052 (−0.19)
INDUSTRY	YES	YES	YES	YES	YES
YEAR	YES	YES	YES	YES	YES
FIRM	YES	YES	YES	YES	YES
N	22 876	22 923	22 923	22 923	22 923
F	160.463	76.459	49.321	3.050	59.460

注：*** 、** 、* 分别表示在1% 、5%和10%的水平上显著，括号内为 t 值。

当企业面对中美贸易摩擦时，为何还有能力和动机提高研发投入呢？本书调研所得海关出口数据统计显示，在我国现有上市公司中，对美出口额平均只占这些公司销售收入的2.67%，比例很小，因此即便全部不出口影响也不大，但是由于美国市场的重要性以及对技术创新的带动性，这些公司不会轻易放弃海外市场，反而会以更大的创新投入和加强创新迎接挑战。

三、稳健性检验

（一）更改创新衡量方式

本书更换创新的衡量方式重新进行稳健性检验。首先，本书参考已有学者的研究（Bereskin et al.，2008）将创新投入采用 R&D 投入占总资产比例进行衡量；其次，为更精确衡量企业最终的创新成果，创新产出分别使用授予专利总数量的对数值及三种分类专利授予总数量的对数值进行衡量。表 6 - 6 回归结果显示，在更换创新衡量方式后，SUE_SHOCK 系数依旧显著为正，说明发生中美贸易摩擦时，企业研发投入显著增加，获得专利总数及获得发明型专利、实用型专利和外观型专利的总数也显著增加，该结果进一步验证我国企业会通过增加创新投入和产出的方式应对贸易冲击。

表 6 - 6 　　　　　　　　　更换创新衡量方式的回归结果

变量	(1)	(2)	(3)	(4)	(5)
	R&D	IN_SUM	UM_SUM	DES_SUM	LASUM
SUE_SHOCK	0.002 *** (7.45)	0.149 *** (7.07)	0.124 *** (7.81)	0.122 *** (6.35)	0.041 *** (2.83)
SIZE	- 0.001 *** (- 6.47)	0.020 (1.55)	0.010 (1.00)	0.028 ** (2.34)	0.015 * (1.68)
ROA	0.007 *** (5.18)	- 0.512 *** (- 4.14)	- 0.108 (- 1.17)	- 0.342 *** (- 3.03)	- 0.148 * (- 1.76)
LEV	- 0.001 * (- 1.72)	- 0.021 (- 0.45)	0.023 (0.65)	- 0.054 (- 1.24)	0.006 (0.20)
LOSS	0.001 *** (3.28)	0.060 *** (3.11)	0.056 *** (3.85)	0.042 ** (2.40)	0.011 (0.84)
SOE	0.000 (1.07)	0.061 * (1.76)	0.019 (0.72)	0.065 ** (2.04)	- 0.005 (- 0.22)

续表

变量	(1)	(2)	(3)	(4)	(5)
	R&D	IN_SUM	UM_SUM	DES_SUM	LASUM
BM	-0.001 *** (-7.55)	0.066 *** (5.21)	0.039 *** (4.10)	0.053 *** (4.60)	0.027 *** (3.07)
BIG10	0.001 *** (3.43)	0.020 (1.31)	0.007 (0.57)	0.007 (0.52)	0.005 (0.53)
FIRST	0.000 (0.39)	-0.535 *** (-6.28)	-0.363 *** (-5.69)	-0.367 *** (-4.73)	-0.073 (-1.27)
AGE	0.001 *** (6.53)	0.122 *** (6.19)	0.183 *** (12.30)	0.066 *** (3.66)	-0.006 (-0.47)
INSHR	-0.001 (-0.72)	-0.137 (-1.42)	-0.246 *** (-3.40)	-0.049 (-0.55)	-0.062 (-0.95)
HHI	-0.002 (-1.52)	-0.438 *** (-4.46)	-0.158 ** (-2.14)	-0.396 *** (-4.41)	-0.128 * (-1.91)
DUAL	-0.001 ** (-2.47)	-0.044 ** (-2.31)	-0.053 *** (-3.71)	-0.027 (-1.54)	0.017 (1.27)
ANALYST	0.001 *** (6.96)	-0.006 (-0.67)	-0.006 (-0.93)	0.001 (0.15)	0.012 ** (2.05)
Constant	0.023 *** (7.82)	0.363 (1.37)	-0.113 (-0.57)	-0.047 (-0.20)	-0.026 (-0.14)
INDUSTRY	YES	YES	YES	YES	YES
YEAR	YES	YES	YES	YES	YES
FIRM	YES	YES	YES	YES	YES
N	22 923	22 923	22 923	22 923	22 923
F	178.825	81.193	111.192	58.809	7.080

注：*** 、** 、* 分别表示在1%、5%和10%的水平上显著，括号内为 t 值。

（二）更换贸易摩擦衡量方式

本书参照黄等（2014）使用美国进口关税大幅变动（TARIFF_SHOCK）衡量贸易摩擦，当美国对我国出口商品所征关税发生较大变化，即出口美国企业所在行业关税相比去年的出口关税变化率高于（低于）所有行业一年度中位数的变化率 3 倍以上，则 *IN_SHOCK*（*DE_SHOCK*）取 1，认为关税大幅增加（降低），否则取值为 0；当出口美国企业该年关税大幅增加（减少）而下一年又反向变动大幅降低（增加）时，说明关税波动较大，*UNCERTAIN_SHOCK* 取值为 1，否则取值为 0。表 6 - 7 列示了出口美国关税大幅增加、关税波动及大幅下降对企业创新的影响。第（1）列回归结果显示，*IN_SHOCK* 系数显著为正，说明当企业所在行业出口关税大幅增加时，企业会显著增加其研发投入；第（2）列回归结果显示，当企业面临较大关税波动时，*UNCERTAIN_SHOCK* 系数也显著为正，说明出口美国的企业在面对关税波动时，其面临的贸易环境不确定性较高，此时也会增加企业研发投入；第（3）列回归结果显示，当企业面临关税大幅降低时，*DE_SHOCK* 系数不显著，说明当关税大幅降低时，并没有因为竞争环境优化而显著降低企业的创新投入和产出。该结果也说明当面临关税大幅增加或关税大幅波动时，企业会主动采取增强创新的策略应对贸易摩擦，即越是加征关税越要促进创新，以创新为本应对挑战。

表 6 - 7　　　　　　　　　　关税大幅变动对企业创新的影响

变量	（1）	（2）	（3）
	关税大幅增加	关税波动	关税大幅降低
	R&D	R&D	R&D
IN_SHOCK	0. 002 *** （3. 15）		
UNCERTAIN_SHOCK		0. 003 *** （2. 80）	
DE_SHOCK			- 0. 000 （- 0. 54）
SIZE	0. 002 *** （4. 56）	0. 002 *** （4. 61）	0. 002 *** （4. 64）
ROA	- 0. 021 *** （- 5. 75）	- 0. 021 *** （- 5. 74）	- 0. 021 *** （- 5. 73）

续表

变量	（1）	（2）	（3）
	关税大幅增加	关税波动	关税大幅降低
	R&D	R&D	R&D
LEV	−0.012*** （−8.31）	−0.012*** （−8.32）	−0.012*** （−8.27）
LOSS	0.002*** （3.63）	0.002*** （3.67）	0.002*** （3.63）
SOE	0.000 （0.43）	0.000 （0.37）	0.000 （0.43）
BM	−0.004*** （−2.82）	−0.004*** （−2.90）	−0.004*** （−2.93）
BIG10	0.001** （2.21）	0.001** （2.20）	0.001** （2.21）
FIRST	0.000 （0.61）	0.000 （0.62）	0.000 （0.61）
AGE	0.000 （0.02）	0.000 （0.06）	0.000 （0.06）
INHSR	0.000 （0.12）	0.000 （0.09）	0.000 （0.13）
HHI	0.009** （2.49）	0.009** （2.49）	0.008** （2.44）
DUAL	−0.002*** （−3.76）	−0.002*** （−3.75）	−0.002*** （−3.74）
ANALYST	0.000 （0.85）	0.000 （0.83）	0.000 （0.85）
Constant	−0.026*** （−2.98）	−0.026*** （−3.01）	−0.026*** （−3.03）
INDUSTRY	YES	YES	YES
YEAR	YES	YES	YES
FIRM	YES	YES	YES
N	14 158	14 158	14 158
F	163.991	163.878	163.460

注：***、**、*分别表示在1%、5%和10%的水平上显著，括号内为t值。

（三）剔除裁定结果为否定性反倾销与反补贴案件

美国对我国出口产品提起的贸易救济案件原审终裁的结论多数是存在肯定性倾销而受到实质性制裁，但 2006～2016 年期间的 138 起贸易救济事件中，也存在 16 起案件的终裁结果为反倾销和反补贴否定性终裁，即裁定涉案产品未对美国国内产业造成实质性损害，此时不会对中国出口美国相关产品进行贸易制裁。这类案件在立案时虽然对企业敲响警钟，但由于最终裁定没有造成加征关税等恶性后果，实质性影响较为有限。因此，本书剔除该类案件重新回归。表 6-8 第（1）列的回归结果显示，SUE_SHOCK 系数依旧显著为正，该结果表明在清洁样本后，对于那些实质性受到贸易制裁的中国企业，其研发投入显著增加；第（2）～第（5）列回归结果显示，专利申请总数和三类专利总数依旧显著增加，该检验进一步验证贸易摩擦激发企业创新投入与创新产出的结论依然成立。

表 6-8　　　　　　　　删除否定性反倾销与反补贴案件

变量	(1) R&D	(2) LSUM	(3) IN_SUM	(4) UM_SUM	(5) DES_SUM
SUE_SHOCK	0.006 *** (11.48)	0.189 *** (8.00)	0.180 *** (9.30)	0.172 *** (8.60)	0.039 *** (2.64)
SIZE	0.001 *** (3.23)	0.041 *** (3.01)	0.051 *** (4.56)	0.035 *** (3.01)	0.015 * (1.74)
ROA	−0.016 *** (−5.79)	−0.226 * (−1.75)	0.016 (0.15)	−0.037 (−0.34)	−0.107 (−1.32)
LEV	−0.011 *** (−10.53)	−0.042 (−0.85)	0.026 (0.65)	−0.027 (−0.64)	0.006 (0.19)
LOSS	0.003 *** (6.75)	0.036 * (1.79)	0.050 *** (3.01)	0.042 ** (2.45)	−0.001 (−0.10)
SOE	−0.000 (−0.47)	0.102 *** (2.80)	0.094 *** (3.13)	0.081 *** (2.64)	−0.002 (−0.10)
BM	−0.002 *** (−7.72)	0.062 *** (4.66)	0.034 *** (3.08)	0.040 *** (3.57)	0.017 ** (2.01)

续表

变量	(1)	(2)	(3)	(4)	(5)
	R&D	LSUM	IN_SUM	UM_SUM	DES_SUM
BIG10	0.000 (1.41)	0.031* (1.95)	0.028** (2.12)	0.031** (2.35)	-0.007 (-0.72)
FIRST	-0.008*** (-4.24)	-0.455*** (-5.13)	-0.348*** (-4.79)	-0.319*** (-4.25)	-0.043 (-0.78)
AGE	0.002*** (5.05)	0.163*** (7.91)	0.158*** (9.33)	0.099*** (5.68)	-0.005 (-0.37)
INSHR	-0.003 (-1.36)	-0.065 (-0.65)	0.006 (0.07)	-0.066 (-0.77)	-0.082 (-1.30)
HHI	0.001 (0.36)	-0.373*** (-3.64)	-0.250*** (-2.98)	-0.389*** (-4.49)	-0.058 (-0.90)
DUAL	-0.001* (-1.79)	-0.025 (-1.26)	-0.013 (-0.79)	-0.010 (-0.60)	0.023* (1.82)
ANALYST	0.000* (1.83)	0.009 (1.03)	0.007 (0.90)	0.014* (1.88)	0.012** (2.08)
Constant	-0.001 (-0.20)	-0.034 (-0.12)	-0.736*** (-3.26)	-0.210 (-0.90)	-0.041 (-0.24)
FRIM	YES	YES	YES	YES	YES
INDUSTRY	YES	YES	YES	YES	YES
YEAR	YES	YES	YES	YES	YES
N	22 876	22 923	22 923	22 923	22 923
F	166.532	61.204	79.300	50.938	3.188

注：***、**、*分别表示在1%、5%和10%的水平上显著，括号内为t值。

（四）倾向匹配得分法（PSM）解决内生性

本部分仅保留受中美贸易摩擦影响的行业，对出口美国和未出口美国的企业进行 PSM 检验，将出口美国的企业设为实验组，未出口美国的样本设为控制组，将企业规模（SIZE）、资产负债率（LEV）、资产收益率（ROA）、产权性质（SOE）、账面市值比比（BM）、企业年龄（AGE）、市场竞争程度（*HHI*）、融资约束（*SA*）以及董事长或总经理是否具有技术背景（*CEO_INN*）作为协变量对控制组和实验组进行配对，在控制这些协变量的基础上计算倾向匹配得分（*PSCORE*），并进行 1∶1 有放回匹配，匹配后最终得到 8 128 个样本。表 6 – 9 平衡面板检验显示，在匹配前，两组企业特征有着明显的差异，在匹配后不存在显著差异，说明所选择的变量对企业是否成为出口美国企业不再具有解释力，匹配满足了平行趋势假设。

表 6 – 9   平行趋势检验

变量	匹配前			匹配后		
	实验组	控制组	*T – Test*	实验组	控制组	*T – Test*
SIZE	21.909	21.6	13.16 ***	21.905	21.906	− 0.03
LEV	0.4298	0.4562	− 5.99 ***	0.4296	0.4261	0.88
ROA	0.0382	0.0303	6.57 ***	0.0381	0.037	1.08
SOE	0.3919	0.4184	− 2.68 ***	0.3913	0.4002	− 0.96
BM	0.5104	0.4891	4.41 ***	0.5100	0.5141	− 0.87
AGE	1.8961	1.9233	− 1.55	1.895	1.8999	− 0.29
HHI	0.2658	0.2688	2.06 **	0.2657	0.2657	0.01
SA	− 5.693	− 5.4794	− 12.88 ***	− 5.6901	− 5.6908	0.1
CEO_INN	0.5847	0.5651	1.22	0.5845	0.5963	− 0.77

图 6 – 1 报告了共同支撑检验结果，左图为匹配前 *PSCORE* 分布，右图为匹配后 *PSCORE* 分布。结果显示：匹配前实验组与控制组的 *PSCORE* 差异较为明显，但匹配后实验组与控制组 *PSCORE* 分布基本一致，两者形态接近，表明倾向得分匹配修正了两组样本值的分布偏差，匹配满足了共同支撑假设。表 6 – 10 回归结果列示了进行 PSM 后的回归结果。回归结果显示：在利用 PSM 控制内生性后，*SUE_SHOCK* 系数依旧显著为正，说明相比不受中美贸易摩擦影响的企业，受中美贸易摩擦影响大的企业其创新投入与创新产出显著提高。综上所述，在控制了内生性后，结果依旧不变。

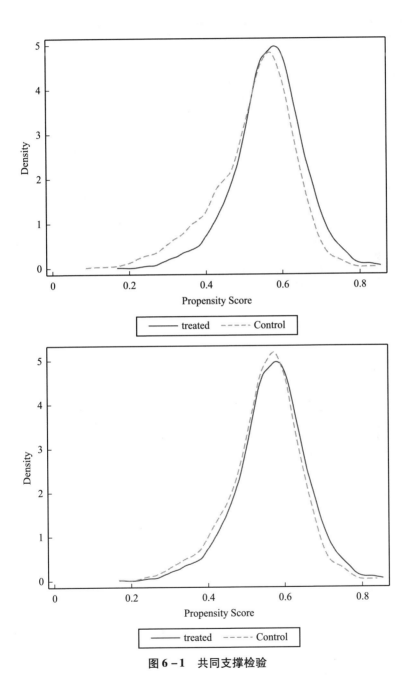

图 6 - 1　共同支撑检验

表 6 – 10　　　　　　　　　　PSM 方法解决内生性

变量	(1)	(2)	(3)	(4)	(5)
	R&D	IN_SUM	UM_SUM	DES_SUM	LSUM
SUE_SHOCK	0.001 * (1.65)	0.060 ** (2.09)	0.088 *** (2.88)	0.028 (1.28)	0.099 *** (2.89)
SIZE	− 0.002 *** (− 5.19)	0.168 *** (6.42)	0.192 *** (6.91)	0.067 *** (3.32)	0.200 *** (6.44)
ROA	0.014 *** (4.52)	0.623 ** (2.53)	0.735 *** (2.81)	0.037 (0.19)	0.658 ** (2.25)
LEV	− 0.000 (− 0.12)	0.144 (1.56)	− 0.013 (− 0.13)	0.002 (0.02)	0.036 (0.33)
LOSS	− 0.000 (− 0.17)	0.031 (0.94)	0.082 ** (2.36)	− 0.028 (− 1.14)	0.042 (1.09)
SOE	0.004 *** (4.56)	0.346 *** (5.35)	0.285 *** (4.16)	0.006 (0.12)	0.365 *** (4.76)
BM	− 0.000 (− 1.50)	0.039 (1.63)	0.036 (1.40)	0.021 (1.11)	0.072 ** (2.52)
BIG10	0.001 * (1.87)	0.041 (1.64)	0.029 (1.10)	− 0.008 (− 0.42)	0.034 (1.15)
FIRST	0.007 *** (3.70)	− 0.355 ** (− 2.25)	− 0.386 ** (− 2.30)	0.188 (1.55)	− 0.432 ** (− 2.30)
AGE	− 0.001 ** (− 2.06)	0.049 (1.51)	0.025 (0.72)	− 0.039 (− 1.56)	0.051 (1.32)
INSHR	0.001 (0.50)	0.219 (1.32)	0.103 (0.59)	0.020 (0.16)	0.146 (0.74)
HHI	− 0.005 ** (− 2.27)	− 0.342 * (− 1.78)	− 0.363 * (− 1.78)	0.110 (0.74)	− 0.328 (− 1.43)
DUAL	− 0.001 *** (− 3.07)	− 0.031 (− 1.01)	− 0.019 (− 0.58)	0.031 (1.29)	− 0.029 (− 0.78)
ANALYST	0.001 *** (4.46)	− 0.001 (− 0.09)	0.010 (0.63)	− 0.000 (− 0.04)	− 0.002 (− 0.09)

变量	（1）	（2）	（3）	（4）	（5）
	R&D	IN_SUM	UM_SUM	DES_SUM	LSUM
Constant	0.037 *** (5.51)	− 3.080 *** (− 5.79)	− 3.332 *** (− 5.90)	− 1.067 *** (− 2.61)	− 3.130 *** (− 4.95)
INDUSTRY	YES	YES	YES	YES	YES
YEAR	YES	YES	YES	YES	YES
FIRM	YES	YES	YES	YES	YES
N	8 128	8 128	8 128	8 128	8 128
F	107.754	46.537	29.871	2.122	37.087

注：***、**、*分别表示在1%、5%和10%的水平上显著，括号内为 t 值。

（五）赫克曼两阶段法检验中美贸易摩擦对企业创新的影响

为进一步控制模型中由于样本选择偏误可能导致的内生性问题，即可能出口美国以及被美国制裁的企业本身就是技术更好、创新更强的企业，本书使用赫克曼两阶段法进一步检验。在第一阶段中，本书参照周定根和杨晶晶（2016）、陈旭等（2016）选取企业规模（SIZE）、资产负债率（LEV）、资产收益率（ROA）、账面市值比（BM）、是否为外资企业（FIE）、劳动生产率（LABOR）、企业职工人数（QFII）、员工薪酬水平（WAGE）等变量作为企业出口选择的影响因素，与企业是否出口进行Probit 回归，计算逆米尔斯系数（MILLS）；在第二阶段中将 MILLS 代入原模型再次回归。表6－11 第（2）列和第（3）列结果显示对于企业研发投入和专利申请总数，MILLS 系数显著，说明本书存在一定的样本自选择问题。在控制 MILLS 的基础上，SUE_SHOCK 的系数依旧显著为正，说明在控制样本自选择问题后，受到中美贸易摩擦影响的出口美国企业其研发投入与当年申请专利总数更多；进一步，与三项具体专利类别均呈正相关，说明受到中美贸易摩擦影响企业创新产出更多。总之，在考虑样本选择偏误这一因素后，本书结论依旧保持不变。

表 6 – 11 赫克曼两阶段法解决内生性

变量	(1) EXPORT_US	变量	(2) R&D	(3) LSUM	(4) IN_SUM	(5) UM_SUM	(6) DES_SUM
SIZE	-0.165 *** (-8.71)	SUE_SHOCK	0.002 *** (3.24)	0.109 *** (4.82)	0.084 *** (4.56)	0.113 *** (5.95)	0.026 * (1.83)
ROA	-1.655 *** (-8.86)	SIZE	0.002 *** (6.70)	-0.004 (-0.26)	0.022 * (1.74)	0.001 (0.04)	-0.000 (-0.05)
LEV	-0.480 *** (-8.30)	ROA	-0.029 *** (-9.24)	-0.008 (-0.05)	0.155 (1.30)	0.098 (0.80)	-0.033 (-0.37)
FIE	-0.022 (-0.48)	LEV	-0.016 *** (-14.13)	0.051 (0.97)	0.087 ** (2.02)	0.037 (0.83)	0.035 (1.06)
BM	-0.016 (-0.92)	LOSS	0.002 *** (5.65)	0.042 ** (2.00)	0.053 *** (3.09)	0.047 *** (2.68)	0.003 (0.24)
AGE	-0.030 ** (-2.45)	SOE	-0.000 (-0.00)	0.098 *** (2.58)	0.087 *** (2.83)	0.082 *** (2.58)	-0.006 (-0.25)
HHI	-0.361 *** (-2.62)	BM	-0.009 *** (-8.78)	0.388 *** (7.63)	0.225 *** (5.43)	0.274 *** (6.38)	0.113 *** (3.54)
STAFF	0.370 *** (21.48)	BIG10	0.001 * (1.71)	0.031 * (1.87)	0.025 * (1.89)	0.034 ** (2.46)	-0.008 (-0.81)
LABOR	0.257 *** (16.25)	FIRST	-0.009 *** (-4.65)	-0.486 *** (-5.30)	-0.380 *** (-5.08)	-0.335 *** (-4.33)	-0.035 (-0.61)
WAGE	0.089 *** (12.38)	AGE	0.003 *** (6.24)	0.163 *** (7.71)	0.158 *** (9.19)	0.102 *** (5.71)	-0.002 (-0.17)
		INSHR	-0.004 * (-1.93)	0.079 (0.76)	0.129 (1.52)	0.034 (0.38)	-0.077 (-1.18)
		HHI	-0.003 (-1.11)	-0.343 *** (-3.21)	-0.225 *** (-2.59)	-0.366 *** (-4.07)	-0.038 (-0.57)
		DUAL	-0.001 ** (-2.09)	-0.019 (-0.90)	-0.008 (-0.45)	-0.003 (-0.17)	0.026 ** (2.03)
		LANALYST	0.000 * (1.85)	0.012 (1.30)	0.008 (1.01)	0.018 ** (2.31)	0.013 ** (2.22)

续表

变量	(1)	变量	(2)	(3)	(4)	(5)	(6)
	EXPORT_US		R&D	LSUM	IN_SUM	UM_SUM	DES_SUM
		MILLS	0.012 *** (9.57)	− 0.169 *** (− 2.77)	− 0.101 ** (− 2.02)	− 0.087 * (− 1.70)	− 0.050 (− 1.30)
Constant	− 3.784 *** (− 16.39)	Constant	− 0.036 *** (− 5.05)	0.883 *** (2.66)	− 0.154 (− 0.57)	0.425 (1.52)	0.260 (1.25)
FIRM	YES	FIRM	YES	YES	YES	YES	YES
INDUSTRY	YES	INDUSTRY	YES	YES	YES	YES	YES
YEAR	YES	YEAR	YES	YES	YES	YES	YES
N	22 098	N	22 098	22 098	22 098	22 098	22 098
$Pseudo\_R^2$	0.1442	F	152.422	56.177	71.234	46.053	2.929

注：***、**、*分别表示在1%、5%和10%的水平上显著，括号内为 t 值。

第五节　进一步分析

一、机制分析

（一）企业"自救动机"对中美贸易摩擦与创新关系的影响

根据前文分析可知，中美贸易摩擦会对企业经营和发展造成巨大的挑战，此时企业会通过增加创新投入进行"自救"。当企业受中美贸易摩擦影响程度更大时，即"自救动机"更加强烈时，企业会更有动机进行技术创新以在逆境中寻找出路。本部分，我们首先从对美国出口份额的多少、贸易救济案件裁定的倾销幅度大小以及企业出口广度三个方面来衡量企业受贸易制裁影响的程度，当企业受影响程度越高时，"自救动机"会越强，本部分探讨在不同的受贸易摩擦影响程度下中美贸易摩擦与企业创新之间的关系如何演变。

1. 出口美国份额对贸易摩擦与创新关系的影响

当企业出口美国销售额占其总营业收入比例越高时，说明美国市场是企业重要客户所在地，中美贸易摩擦对企业经营业绩和企业长期发展有着重要影响。当中美贸易摩擦发生时，相比于出口美国销售额占总收入较少的企业，越是出口份额较多的企业受到贸易冲击的影响越大，对企业整体业务布局和业绩影响也越大。此时，企业更有动机在中美贸易摩擦的负面冲击下寻找自救策略，通过技术创新开发新产品，在避开美国贸易制裁的同时保住美国市场并提升企业在美国市场的竞争力。因此，本书预期当企业出口至美国市场的金额越高时，中美贸易摩擦对企业的创新"倒逼效应"越显著。

本书对海关数据库中每个上市公司当年的出口记录中的金额进行汇总，使用企业出口美国总收入占当年营业收入的比重衡量出口美国份额，该指标取值越大，说明出口美国份额占比越高。将出口份额按照行业年度中位数分为出口美国份额较高组与出口美国份额较低组并进行分组回归，表 6-12 第（1）列和第（2）列回归结果显示，在出口美国份额较高组，SUE_SHOCK 系数显著为正，而在出口美国份额较低组不显著。该结果验证了我们的预期，说明当美国市场对企业越重要时，中美贸易摩擦对企业创新的"倒逼"效应越显著，此时受到中美贸易摩擦影响企业的"自救"动机更加强烈，企业会加大企业研发投入，通过技术创新寻求出路。

表 6-12　　　　中美贸易摩擦、企业"自救动机"与企业创新

变量	(1)	(2)	(3)	(4)	(5)	(6)
	R&D	R&D	R&D	R&D	R&D	R&D
	美国份额多	美国份额少	倾销幅度大	倾销幅度小	出口国家数多	出口国家数少
SUE_SHOCK	0.005 **	0.000	0.001 **	−0.001	0.000	0.002 ***
	(2.24)	(0.39)	(2.08)	(−1.53)	(0.52)	(2.68)
SIZE	0.001 *	−0.001	0.001	0.003 ***	−0.000	0.002 ***
	(1.71)	(−1.21)	(1.23)	(4.59)	(−0.27)	(2.62)

续表

变量	(1)	(2)	(3)	(4)	(5)	(6)
	R&D	R&D	R&D	R&D	R&D	R&D
	美国份额多	美国份额少	倾销幅度大	倾销幅度小	出口国家数多	出口国家数少
ROA	−0.018***	−0.025***	−0.015***	−0.030***	−0.024***	−0.010
	(−3.11)	(−3.81)	(−3.50)	(−4.85)	(−3.96)	(−1.56)
LEV	−0.012***	−0.011***	−0.008***	−0.014***	−0.011***	−0.011***
	(−5.48)	(−4.15)	(−4.53)	(−5.81)	(−4.89)	(−4.12)
LOSS	0.003***	0.002**	0.000	0.004***	0.003***	0.002**
	(3.44)	(2.49)	(0.52)	(4.20)	(4.00)	(2.24)
SOE	−0.000	−0.002	−0.001	0.002	−0.001	0.001
	(−0.14)	(−1.02)	(−1.17)	(1.17)	(−0.53)	(0.41)
BM	−0.001*	−0.001*	−0.001	−0.002***	−0.001	−0.002***
	(−1.86)	(−1.88)	(−1.50)	(−2.89)	(−1.13)	(−3.73)
BIG10	0.001*	0.002***	0.001*	0.001	0.002***	0.001
	(1.84)	(2.63)	(1.88)	(1.29)	(2.84)	(1.61)
FIRST	−0.017***	0.006	0.009***	−0.002	−0.003	−0.022***
	(−4.60)	(1.33)	(2.89)	(−0.58)	(−0.66)	(−5.27)
AGE	0.000	−0.001	−0.000	−0.000	−0.000	−0.001
	(0.25)	(−0.69)	(−0.21)	(−0.51)	(−0.19)	(−0.59)
INSHR	0.002	0.005	−0.002	0.002	0.002	0.001
	(0.49)	(1.05)	(−0.61)	(0.45)	(0.47)	(0.17)
HHI	0.000	0.017***	0.010**	0.000	0.012***	0.001
	(0.06)	(3.05)	(2.29)	(0.06)	(2.64)	(0.28)
DUAL	−0.002***	−0.001	−0.001**	−0.002***	−0.002**	−0.001
	(−3.00)	(−0.59)	(−2.09)	(−2.86)	(−2.56)	(−1.17)
ANALYST	−0.000	0.000	0.000	0.000	0.001*	−0.000
	(−0.25)	(1.11)	(0.50)	(1.01)	(1.67)	(−0.09)
Constant	−0.001	0.029*	−0.004	−0.043***	0.019	−0.016
	(−0.06)	(1.95)	(−0.43)	(−3.10)	(1.48)	(−1.06)
FIRM	YES	YES	YES	YES	YES	YES
INDUSTRY	YES	YES	YES	YES	YES	YES

续表

变量	(1)	(2)	(3)	(4)	(5)	(6)
	R&D	R&D	R&D	R&D	R&D	R&D
	美国份额多	美国份额少	倾销幅度大	倾销幅度小	出口国家数多	出口国家数少
YEAR	YES	YES	YES	YES	YES	YES
N	7 031	6 176	6 138	7 353	8 112	5 358
F	70. 381	57. 294	73. 652	97. 340	72. 799	68. 168

注：*** 、** 、* 分别表示在1%、5%和10%的水平上显著，括号内为 t 值。

2. 倾销幅度对贸易摩擦和创新的影响

美国对中国出口产品提起贸易救济诉讼后，美国国际贸易委员会对此案件进行审查后得出是否存在实质性倾销以及倾销幅度的裁决结果。当倾销幅度越大时，说明美国认为我国出口产品对其本地市场造成了越大程度的实质性损害，抵制措施会越严苛，此时不仅需要支付更高的反倾销和反补贴税对其进行补偿，也会增加进入美国市场的难度。因此，当企业出口产品被认定倾销幅度越大时，中美贸易摩擦对企业的负面影响也越大，此时企业会越有动机采取自救策略应对危机，如通过技术创新增加产品多元化程度，或增强自身产品竞争力开发新市场等。因此，本书预期：当被裁定出口商品倾销幅度越大时，中美贸易摩擦对企业创新"倒逼效应"越显著。

本书通过贸易救济信息网手工收集了每起案件最终裁决的普遍倾销幅度，根据该倾销幅度的行业年度中位数分为倾销幅度较大组及倾销幅度较小组并进行分组回归，表6–12第（3）列和第（4）列回归结果显示：在倾销幅度较大组，SUE_SHOCK 系数显著为正，而在倾销幅度较小组该系数不显著。该结果验证了我们的预期，说明当判决我国出口产品的倾销幅度越大时，企业受影响程度越大，此时会越有动机增加企业研发投入，以帮助企业应对贸易冲击。

3. 出口广度对中美贸易摩擦和创新的影响

施迈泽（2012）提出企业出口作为国际化的初级形式，其扩张是循序渐进的，刚开始开辟海外市场时开拓新的市场成本较高，因此出口企业往往会首先选择一个或少数几个重要国家进行出口，随着出口经验的丰富、运营成本的降低，企业会将出口扩展到地理距离更远、相似性更小的国家。当出口美国企业出口广度较窄时，此时只出口美国或少数几个国家，当中美贸易摩擦加剧时，企业转换至其他国家市场销售的成本会较高；而对于出口广度较广的企业来讲，当出口美国市场遭遇打击时，他们可以较为容易地选择转移至其他国际市场进行销售。因此，出口广度越小，出口美国企业受到中美贸易摩擦的影响越大，此时企业越有动机通过新技术、新产品来增强企业竞争力逐步开拓新市场。因此，本书预期：出口美国企业出口广度越小，中美贸易摩擦对企业创新的"倒逼"效应越显著。

本书通过海关数据库统计出口美国企业当年总出口的国家数，出口国家数越多，代表企业出口广度越大，否则出口广度越小。根据出口广度分为出口广度较大组与出口广度较小组并进行分组检验，表 6 – 12 第（5）列和第（6）列回归结果显示：在出口广度较小组，SUE_SHOCK 系数显著为正，而在出口广度较大组该系数不显著。该结果也验证了我们的预期，说明当企业出口广度较小时，中美贸易摩擦的出现对企业打击较大，此时企业更有动机通过技术创新来为企业寻求新的出路。

（二）企业异质性特征对中美贸易摩擦与创新关系的影响

企业自身特征的不同对企业创新的影响也不同，如融资约束是影响企业创新的重要因素（Hall et al.，2016），而高科技企业需要进行更多的创新活动才能维持企业的发展，此外政府补贴也是我国企业加强自主创新的重要政策工具（杨洋等，2015），这些因素均会对企业创新水平的高低起着重要的作用。本部分分别从企业融资约束程度、是否为高科技企业以及企业收到政府补贴的多少这三方面企业特征进一步探讨企业异质性特征如何影响中美贸易摩擦与企业创新之间的关系。

1. 融资约束对中美贸易摩擦与创新关系的影响

虽说研发创新一旦成功，将有助于提升企业核心竞争力和对抗市场需求波动的能力，但是研发活动本身的结果不确定性较高且周期较长，无法在短期内回笼资金，因此研发活动需要企业具有足够的资金作为支持，进而它更容易受到融资约束的影响（Hall et al.，2016）。在中美贸易摩擦期间，由于出口企业所面临的外部贸易环境不确定性的上升，本身也可能导致外部融资成本的上升。因此，当企业融资约束较强时，若没有足够的资金支持研发项目的正常进展，企业只能放弃较好的研发项目。基于此，当中美贸易摩擦导致外部贸易经济环境不确定性升高时，受融资约束较弱的企业可能对创新活动有较强的激励效应。因此，我们预期：中美贸易摩擦对企业创新的"倒逼"效应在企业融资约束较弱时更加显著。

本书参照哈德洛克和皮尔斯（Hadlock 和 Pierce，2010）计算 SA 指数作为衡量融资约束的代理变量，其中，$SA = -0.737SIZE + 0.043SIZE^2 + 0.04AGE$。该指标取值越大，代表企业面临的融资约束情况越严重。本书按照同行业年度 SA 指数中位数分组进行回归，表 6 - 13 第（1）~ 第（2）列的回归结果显示，在融资约束较弱组中，SUE_SHOCK 系数显著为正，在融资约束较强组不显著。该结果支持了我们的预期，说明当企业融资约束较强时，没有足够的资金支持企业进行研发创新活动，只有在融资约束较弱的企业中，才能对创新活动有较强的激励效应。

表 6 - 13　　　　　中美贸易摩擦、异质性特征与企业创新

变量	(1)	(2)	(3)	(4)	(5)	(6)
	R&D	R&D	R&D	R&D	R&D	R&D
	融资约束强	融资约束弱	非高科技	高科技	政府补贴多	政府补贴少
SUE_SHOCK	0.001 (1.23)	0.002 *** (3.45)	-0.000 (-0.80)	0.004 *** (4.50)	0.002 *** (3.06)	0.000 (0.21)
SIZE	-0.001 (-1.50)	0.001 * (1.79)	0.002 *** (4.57)	-0.000 (-1.62)	0.001 (1.10)	-0.001 (-1.10)
ROA	-0.020 *** (-5.39)	-0.015 *** (-3.32)	-0.025 *** (-5.76)	-0.008 *** (-3.45)	-0.018 *** (-3.94)	-0.016 *** (-4.30)
LEV	-0.012 *** (-7.95)	-0.010 *** (-5.90)	-0.016 *** (-9.02)	-0.007 *** (-8.18)	-0.010 *** (-6.05)	-0.010 *** (-6.66)

续表

变量	（1）R&D	（2）R&D	（3）R&D	（4）R&D	（5）R&D	（6）R&D
	融资约束强	融资约束弱	非高科技	高科技	政府补贴多	政府补贴少
LOSS	0.003 *** (4.20)	0.002 *** (4.03)	0.003 *** (4.61)	0.001 ** (2.45)	0.002 *** (3.92)	0.003 *** (3.94)
SOE	-0.004 *** (-3.45)	0.003 ** (2.24)	0.001 (0.94)	0.001 (1.18)	0.003 ** (2.17)	-0.002 (-1.48)
BM	-0.001 (-1.48)	-0.002 *** (-7.12)	-0.003 *** (-5.09)	-0.001 *** (-2.72)	-0.003 *** (-7.22)	-0.002 *** (-3.04)
BIG10	0.001 (0.99)	0.000 (0.59)	0.001 (1.06)	0.000 (0.33)	0.002 *** (4.53)	-0.001 (-1.46)
FIRST	-0.001 (-0.43)	-0.010 *** (-3.70)	0.000 (0.05)	-0.006 *** (-3.99)	-0.013 *** (-4.88)	0.001 (0.47)
AGE	0.005 *** (7.48)	-0.000 (-0.42)	0.000 (0.12)	0.001 (1.63)	0.002 *** (3.01)	0.003 *** (4.38)
INSHR	0.003 (0.96)	-0.006 ** (-2.24)	-0.004 (-1.33)	0.000 (0.26)	-0.007 ** (-2.26)	0.003 (0.97)
HHI	0.002 (0.51)	0.005 * (1.92)	-0.001 (-0.28)	-0.004 ** (-2.46)	-0.001 (-0.18)	0.002 (0.67)
DUAL	-0.001 (-1.32)	-0.002 *** (-2.58)	-0.001 * (-1.75)	-0.000 (-0.71)	-0.000 (-0.21)	-0.001 * (-1.66)
ANALYST	-0.000 (-0.36)	0.000 * (1.74)	0.001 ** (2.38)	0.000 (1.65)	0.000 (1.44)	0.000 (1.51)
FIRM	YES	YES	YES	YES	YES	YES
YEAR	YES	YES	YES	YES	YES	YES
Constant	0.036 *** (3.19)	-0.002 (-0.16)	-0.022 ** (-2.24)	0.018 *** (3.66)	0.008 (0.89)	0.039 *** (3.94)
N	11 368	11 508	13 629	9 247	12 119	10 757
F	53.230	97.826	151.136	27.418	104.894	44.518

注：*** 、** 、* 分别表示在1%、5%和10%的水平上显著，括号内为 t 值。

2. 是否为高科技企业对中美贸易摩擦与创新关系的影响

高科技企业具有"天然的创新活力"（申明浩等，2020），因为高科技企业的自身属性决定了其需要进行大量的研发创新活动才能在行业中立足，且要求企业对外界环境的变化具有敏锐的窥探能力和快速的反应能力，只有拥有在行业中具有领先水平的技术才能获得较高回报。中美贸易摩擦期间，面对外部贸易环境不确定性的升高，相比于资本和劳动型企业，高科技企业更可能及时捕捉到贸易环境不确定性增加时所带来的机会，通过技术创新获得自身发展。因此，本书预期：中美贸易摩擦对企业创新的"倒逼"效应在高科技企业中更加显著。

我们采用企业所在行业是否为高科技行业来衡量企业的天然创新活力和成长机会，参照琼斯（Jones，2007）将家具、造纸、化学制品、化纤工业、塑料和橡胶、非金属制品、钢铁、有色金属、通用设备、汽车、电气、光伏产品，信息传输、软件和信息技术服务业，科学研究和技术服务业（即行业代码为 C2、C3、I、M）定义为科技密集型企业，其他行业为劳动和资本密集型行业并进行分组回归。表 6 – 13 第（3）~ 第（4）列结果显示，在技术密集型企业组，SUE_SHOCK 系数显著为正，说明在高科技企业中，中美贸易摩擦显著促进了企业研发投入，而在非高科技企业中该系数不显著。该结果也验证了本书的预期，说明相比于非高科技企业，高科技企业更能够在不确定性的环境下通过技术创新谋求企业发展。

3. 政府补贴对中美贸易摩擦与创新关系的影响

中美贸易摩擦发生的其中一个原因是美国政府指责中国政府对企业进行补贴，导致中国出口产品以较低的价格出售至美国进而扰乱当地产品市场秩序。另外，政府补贴是我国企业促进自主创新能力提高的重要政策工具（杨洋等，2015），解维敏等（2009）以及哈尔和勒纳（Hall and Lerner，2010）也指出政府的资金支持有利于激励企业创新。杜威剑和李梦洁（2018）采用 PSM 方法进行研究发现，美国对我国发动的反倾销会给我国企业带来一系列负面影响，而获得政府补贴的企业受到的这些负面影响会较小。通过分析上市公司获得政府创新补贴的情况，我们发现上市公司获得的政府补助形式多样，涵盖了技术改造、科研经费、税收优惠、产业扶持、人才引进等方面。这些补贴有利于改善企业的经营条件，使得企业在面临贸易不确定冲击时更具激励效应。因此，本书预期：中美贸易摩擦对企业创新的"倒逼"效应在政府补贴更高的企业中更加显著。

本书对企业得到的政府补贴根据行业年度中位数分为政府补贴较高组及政府补贴较低组并进行分组回归。表6－13第（5）列和第（6）列回归结果显示，在政府补贴较高组，SUE_SHOCK系数显著为正，说明在政府补贴较高的企业中中美贸易摩擦对企业创新的激励作用更为显著，而在政府补贴较低组不显著。该结果也验证了我们的预期，说明政府补贴越多使得企业在面临贸易不确定性冲击时更具有激励效应。

二、中美贸易摩擦对企业创新质量的影响

在前文的研究中已经发现，贸易摩擦会"倒逼"企业进行更多的创新。当我国企业面临美国政府的贸易诉讼时，企业在美国市场的销售收入和利润将面临大幅下滑，在这样的负面冲击下，企业一方面面临经营困难，而有可能仅仅通过增加创新数量博取政府的减税支持和补贴，但其创新质量并没有提高；另一方面，企业也有可能确实提高了创新质量，强化自身的市场竞争力。因此，本书将进一步研究，面对贸易摩擦，企业显著增加了研发投入和专利申请数量，其创新质量是否增加？在本部分中，本书通过申请专利的多样化来衡量创新质量，检验中美贸易摩擦对创新质量的影响。

考虑到企业可能出于获得更多的政府补贴等目的而仅仅增加创新数量，针对很多相似性较强的专利进行申请，若专利申请数量多但相似性很强的话，并不能说明真正提高了企业创新质量。因此，本书试图参考贝伦等（2019）将文本相似度方法拓展至专利文本中，采用专利相似度衡量专利多样化水平，利用模型（6.2）检验中美贸易摩擦是否提升了企业专利的多样化水平。

$$DIVERSITY = \alpha_0 + \alpha_1 TRADESHOCK + \alpha_2 SIZE + \alpha_3 LEV + \alpha_4 ROA +$$

$$\alpha_5 LOSS + \alpha_6 SOE + \alpha_7 BM + \alpha_8 BIG10 + \alpha_9 FIRST +$$

$$\alpha_{10} INSHR + \alpha_{11} AGE + \alpha_{12} HHI + \alpha_{13} DUAL + \alpha_{14} ANALYST +$$

$$\alpha_{15} FIRM\ FE + \sum YEAR + \sum INDUSTRY + \varepsilon \qquad (6.2)$$

其中，*DIVERSITY* 为专利多样化指标，本书同时采取 Jaccard 相似度和 Cosine 相似度作为基础计算方法，计算公式如下：具体地，本书首先对上市公司某年所有申请的专利文件的题目与摘要文本信息进行分词处理并去除停用词（助词、量词等），然后构造词语集合或者词频向量，代入公式计算均值后得到专利多元化水平。为便于理解上述算法，本书举例如下：A 公司某年申请了 3 个专利，分别为"一种通信设备"（专利 X）、"一种客户管理软件"（专利 Y）、"一种通信芯片"（专利 Z）。则根据程序进行中文分词后，三种专利分别为：X：通信，设备；Y：客户，管理，软件；Z：通信，芯片。X 与 Y 专利的 Jaccard 相似度为 $0 \div (2+3) = 0$，相应地，X 与 Z 专利的相似度为 $1 \div (2+2-1) = 0.33$，Y 与 Z 专利的相似度则为 0。那么该年该公司所有专利的多元化水平则为 $1 - (0.33 + 0 + 0) \div 3 = 0.89$。对于 Cosine 相似度，X 与 Z 专利进行比较时，可将两者分别视为向量 X：$(1, 1, 0)$ 与向量 Y：$(0, 1, 1)$。相较于 Jaccard 相似度，Cosine 相似度对文本长度相对不敏感，不会受到两段文本长度不等的影响。我们分别计算出标题相似度（*TITLE_COS*、*TITLE_JAC*）和摘要相似度（*SUMMARY_COS*、*SUMMARY_JAC*），该值取值越大，代表专利相似度越强，多样性越弱。

表 6 - 14 第（1）列和第（2）列回归结果显示，对于专利题目相似度，*SUE_SHOCK* 系数显著为负；第（3）列和第（4）列回归结果显示，对于摘要相似度，*SUE_SHOCK* 系数也显著为负。说明出口美国企业在遭受贸易救济事件调查时，企业所申请专利的相似度显著降低，表明企业申请的专利差异性较大，也就是企业创新多元化程度增加。本结果进一步验证了在中美贸易摩擦时，企业不仅增加了创新数量，同时增加了创新质量来应对该负面冲击。

表 6 – 14　　　　　　　中美贸易摩擦与专利多样化

变量	(1)	(2)	(3)	(4)
	TITLE_COS	TITLE_JAC	SUMMARY_COS	SUMMARY_JAC
SUE_SHOCK	-0.032 * (-1.68)	-0.035 ** (-2.21)	-0.037 * (-1.85)	-0.035 ** (-2.11)
SIZE	-1.047 *** (-3.47)	-0.886 *** (-3.53)	-0.986 *** (-3.08)	-0.742 *** (-2.86)
ROA	-0.061 (-1.16)	-0.055 (-1.27)	-0.064 (-1.16)	-0.057 (-1.27)
LEV	0.041 ** (2.19)	0.037 ** (2.39)	0.020 (1.03)	0.027 * (1.66)
LOSS	-0.004 (-0.60)	-0.003 (-0.50)	0.002 (0.35)	0.001 (0.21)
SOE	0.006 (0.40)	0.007 (0.56)	-0.019 (-1.17)	-0.012 (-0.89)
BM	-0.001 (-0.23)	-0.001 (-0.37)	0.001 (0.22)	0.000 (0.01)
BIG10	-0.006 (-1.36)	-0.004 (-1.14)	-0.008 * (-1.83)	-0.008 ** (-2.05)
FIRST	-0.005 (-0.14)	0.001 (0.05)	-0.012 (-0.34)	-0.004 (-0.16)
AGE	-0.067 *** (-3.84)	-0.057 *** (-3.92)	-0.060 *** (-3.25)	-0.047 *** (-3.16)
INSHR	-0.074 *** (-2.69)	-0.063 *** (-2.73)	-0.070 ** (-2.39)	-0.046 * (-1.95)
HHI	0.014 (0.42)	0.015 (0.57)	0.014 (0.41)	0.004 (0.13)
DUAL	-0.006 (-1.03)	-0.005 (-1.01)	-0.004 (-0.63)	-0.001 (-0.15)
SA	-1.490 *** (-3.44)	-1.263 *** (-3.50)	-1.399 *** (-3.05)	-1.059 *** (-2.84)

续表

变量	(1) TITLE_COS	(2) TITLE_JAC	(3) SUMMARY_COS	(4) SUMMARY_JAC
ANALYST	0.004 (1.51)	0.004* (1.85)	0.004* (1.66)	0.001 (0.58)
R&D	−0.134* (−1.68)	−0.092 (−1.39)	−0.192** (−2.28)	−0.094 (−1.38)
FIRM	YES	YES	YES	YES
YEAR	YES	YES	YES	YES
INDUSTRY	YES	YES	YES	YES
_cons	14.839*** (3.55)	12.510*** (3.60)	14.071*** (3.18)	10.546*** (2.94)
N	10 431	10 431	10 431	10 431
F	5.810	5.705	5.052	4.836

注：***、**、*分别表示在1%、5%和10%的水平上显著，括号内为 t 值。

考虑到发明型专利更具有创新含量，本书使用相同的方法单独计算发明型专利的专利申请书相似度进一步验证对创新质量的影响。表 6 – 15 第（1）列和第（2）列回归结果显示，SUE_SHOCK 系数显著为负，第（3）列和第（4）列回归结果显示，SUE_SHOCK 系数也显著为负。说明出口美国企业在遭受贸易救济事件调查时，企业所申请发明型专利的相似度显著降低，表明发明型专利的多样化程度较高。本结果验证了中美贸易摩擦既增加了企业创新数量也提升了创新质量。

表 6 – 15 中美贸易摩擦与发明型专利多样化

变量	(1) INNO_TITLE_COS	(2) INNO_TITLE_JAC	(3) INNO_SUM_COS	(4) INNO_SUM_JAC
SUE_SHOCK	−0.060*** (−3.89)	−0.055*** (−4.67)	−0.079*** (−5.88)	−0.062*** (−7.28)

续表

变量	（1） *INNO_TITLE_COS*	（2） *INNO_TITLE_JAC*	（3） *INNO_SUM_COS*	（4） *INNO_SUM_JAC*
SIZE	-0.519 （-1.07）	-0.541 （-1.46）	-1.095 *** （-2.60）	-0.598 ** （-2.24）
ROA	-0.031 （-0.57）	-0.032 （-0.78）	0.009 （0.19）	0.003 （0.08）
LEV	0.002 （0.08）	-0.001 （-0.04）	-0.044 ** （-2.45）	-0.020 * （-1.81）
LOSS	-0.003 （-0.41）	-0.002 （-0.40）	0.002 （0.31）	0.003 （0.84）
CASH FLOW	-0.011 （-0.34）	-0.003 （-0.11）	-0.031 （-1.13）	-0.008 （-0.46）
SOE	-0.004 （-0.22）	-0.001 （-0.11）	0.005 （0.34）	0.002 （0.18）
BM	-0.002 （-0.41）	-0.001 （-0.33）	0.003 （0.67）	-0.000 （-0.04）
BIG10	-0.001 （-0.27）	-0.001 （-0.24）	-0.003 （-0.77）	-0.003 （-1.08）
FIRST	0.035 （0.95）	0.018 （0.63）	-0.013 （-0.42）	-0.002 （-0.09）
AGE	-0.032 （-1.13）	-0.032 （-1.50）	-0.060 ** （-2.48）	-0.032 ** （-2.06）
INSHR	-0.041 （-1.33）	-0.029 （-1.25）	-0.017 （-0.65）	-0.015 （-0.91）
HHI	0.009 （0.26）	0.010 （0.38）	-0.002 （-0.06）	0.005 （0.29）
DUAL	-0.004 （-0.62）	-0.001 （-0.33）	0.004 （0.84）	0.005 （1.47）
SA	-0.741 （-1.06）	-0.775 （-1.46）	-1.575 *** （-2.60）	-0.866 ** （-2.26）

续表

变量	(1) *INNO_TITLE_COS*	(2) *INNO_TITLE_JAC*	(3) *INNO_SUM_COS*	(4) *INNO_SUM_JAC*
ANALYST	0.004 (1.36)	0.003 (1.45)	0.003 (1.32)	0.002 (1.03)
R&D	−0.043 (−0.46)	−0.023 (−0.33)	−0.003 (−0.04)	−0.038 (−0.75)
LASUM	−0.010 *** (−4.69)	−0.007 *** (−4.54)	−0.010 *** (−5.73)	−0.007 *** (−5.97)
_cons	7.479 (1.11)	7.686 (1.50)	15.454 *** (2.66)	8.419 ** (2.29)
N	7 918	7 918	7 918	7 918
F	2.907	3.126	4.664	4.618

注：*** 、** 、* 分别表示在 1%、5% 和 10% 的水平上显著，括号内为 t 值。

三、中美贸易摩擦对企业创新的长期影响

自 2006 年以来，美国商务部对我国提起了大量反倾销、反补贴、保障措施诉讼，最终多以我国企业承担高额惩罚性税负结案，这种情况下贸易摩擦带来的影响是比较长期的，接下来本书检验企业在遭受美国贸易救济事件调查后对未来 3 年企业创新的影响。从表 6 - 16 第（1）～第（3）列可以看到在 T + 1、T + 2、T + 3 年中，企业均显著提高了研发投入，说明贸易摩擦对企业研发投入的影响长期存在。第（4）～第（6）列可以看到在 T + 1、T + 2 年中 *SUE_SHOCK* 系数显著为正，但是到 T + 3 年接近显著，说明贸易摩擦对企业研发产出的积极影响也是长期存在的，但其显著性减弱。综上，该结果与固定资产长期影响不同，说明贸易摩擦对企业创新的促进作用并不是"昙花一现"，而是会在一定时期内长期存在，也说明面对贸易摩擦，受打击的中国企业没有退缩而是加大创新投入力度，将不断加强自主创新作为应对贸易摩擦的重要手段，中国企业韧劲和自强不息的精神由此显现。

表6-16 中美贸易摩擦对企业创新的长期影响

变量	(1)	(2)	(3)
	R&D		
	T+1	T+2	T+3
SUE_SHOCK	0.001***	0.001*	0.001**
	(2.67)	(1.76)	(2.48)
SIZE	0.002***	0.002***	0.001**
	(5.08)	(4.70)	(2.57)
ROA	-0.002	0.003	0.007**
	(-0.67)	(0.99)	(2.28)
LEV	-0.009***	-0.004***	-0.002
	(-7.90)	(-3.52)	(-1.27)
LOSS	0.001**	0.000	-0.000
	(2.08)	(0.18)	(-0.21)
SOE	-0.000	0.000	0.001
	(-0.27)	(0.28)	(1.37)
BM	-0.002***	-0.002***	-0.002***
	(-7.88)	(-7.68)	(-5.55)
BIG10	0.000	0.000	0.000
	(1.30)	(0.35)	(0.05)
FIRST	-0.014***	-0.014***	-0.011***
	(-7.07)	(-6.31)	(-4.54)
AGE	-0.002***	-0.003***	-0.002***
	(-4.19)	(-5.16)	(-4.13)
INSHR	-0.002	0.002	0.004
	(-1.10)	(0.73)	(1.54)
HHI	0.003	0.002	0.004
	(1.12)	(0.76)	(1.52)
DUAL	-0.000	0.000	0.001**
	(-1.07)	(0.43)	(2.43)

续表

变量	(1)	(2)	(3)
	R&D		
	T+1	T+2	T+3
ANALYST	0.000 ** (2.13)	0.000 (0.77)	−0.000 (−0.21)
Constant	−0.006 (−1.01)	−0.009 (−1.27)	−0.001 (−0.12)
INDUSTRY	YES	YES	YES
YEAR	YES	YES	YES
FIRM	YES	YES	YES
N	22 831	19 877	17 137
F	125.119	107.401	85.191

注：***、**、*分别表示在1%、5%和10%的水平上显著，括号内为t值。

第六节　本章小结

与固定投资不同，研发投资可以通过新技术、新产品的问世来提高企业核心竞争力及对抗市场需求波动的能力，因此，进行创新可能是企业在贸易摩擦期间韬光养晦的恰当选择。本章考察了出口美国企业在中美贸易摩擦期间如何改变自己的创新策略应对贸易冲击。本章利用2006～2016年匹配到的上市公司层面海关出口数据获得企业出口美国数据，通过中国贸易救济信息网手工收集美国对中国提起的贸易救济诉讼案件，并追踪案件从初审立案开始的发展全过程来获得中美贸易摩擦数据，探讨了出口美国企业在遭受中美贸易摩擦时对企业创新的影响。研究发现：（1）当出口美国企业处于中美贸易摩擦期间时，其R&D投入和申请专利总数均显著增加，将专利类型进一步分为发明型专利、实用型专利和外观型专利，发现这三类专利的数量均增加了。说明我国受中美贸易摩擦影响企业的危机意识强烈，为了摆脱困境，创新活动可能成为企业在不确定环境下韬光养晦的恰当选择，通过抢先研发来培育企业核心竞争力。（2）为保证结论有效性，我们进行了一系列稳健性检验，包括重新使用出口美国关税大幅变动衡量贸易摩擦、改变创新衡量方式、通过 PSM 解决内生性、Heckman 两阶段法解决样本自选择问题、使用清洁样本等方法重新进行回归，结论依然保持稳健。（3）在进一步分析中，我们发现中美贸易摩擦对企业创新的"倒逼效应"在企业受到贸易摩擦打击越大、自救意识越强烈时越显著，具体表现为当企业出口美国份额越高、倾销幅度越大、出口国家广度越小时，该效应越显著；以及在企业异质性特征不同时影响不同，当企业融资约束程度较弱、属于高科技企业以及收到政府补贴越多时，该效应越显著。（4）中美贸易摩擦不仅倒逼企业增加了创新数量，同时提高了企业创新质量。（5）本书进一步考察了中美贸易摩擦对企业创新的长期影响，即对未来 3 年的创新水平进行检验，发现中美贸易摩擦对企业创新的倒逼效应在未来 3 年内持续存在。该结果与企业固定资产投资的长期影响不同。以上结果说明面对美国对中国发起的贸易救济诉讼，上市公司以提高研发投入、加大创新产出予以坚决应对，企业在逆境中求生存，自强不息的企业精神表现得淋漓尽致。

本章从微观层面直接观测中美贸易摩擦对上市公司企业创新投入和创新产出的影响，并对其影响机制进行了深入探究。研究不仅丰富了国际贸易与贸易摩擦相关文献，更为我国企业如何有效应对中美贸易摩擦提供了思路，企业要在逆境中不断推陈出新，加大技术创新投入力度增强自身产品竞争力，可以有效应对贸易环境不确定性对企业的负面冲击；同时也为政府制定相关监管政策提供理论参考，政府应采取一系列相关措施为受到中美贸易摩擦影响的企业进行创新提供一个良好的市场环境和政策支持，以帮助企业有效应对中美贸易摩擦对我国企业发展带来的负面影响。

第七章 结论、局限性与未来研究展望

第一节 研究结论与政策建议

一、研究结论

不同于以往多从宏观经济层面讨论贸易摩擦对我国产生的影响，本书探究了中美贸易摩擦对我国上市公司所产生的微观经济后果。本书利用2006~2016年匹配到的上市公司层面的海关出口数据，通过中国贸易救济信息网手工整理美国对中国提起的贸易救济诉讼案件信息，并追踪案件从初审立案开始的发展全过程获得中美贸易摩擦数据，首先探讨了中美贸易摩擦对出口美国企业产生的直接效应，即是否确实会导致"贸易抑制效应"与"贸易转移效应"，在此基础上，进一步从固定资产投资和创新投资两种投资类型检验了中美贸易摩擦对企业投资的影响。主要获得了以下结论：

首先，通过对中美贸易摩擦的直接效应进行研究，本书发现：（1）当出口美国企业所在行业处于美国对中国提起的贸易救济案件诉讼期间时，企业出口美国份额显著降低，说明中美贸易摩擦对我国企业出口美国贸易产生了直接的抑制效应。（2）将剩余出口国家和地区分为欧盟发达国家、亚洲发达国家和地区、非洲国家与其他国家四组分别进行检验后发现，中美贸易摩擦导致我国企业出口欧盟发达国家份额显著增加，对其余国家和地区的出口份额没有发生显著变化，说明中美贸易摩擦对我国出口贸易产生了转移效应，欧盟发达国家市场是美国市场出口受阻后的主要替代目标，本书认为主要是由于欧盟发达国家市场产品与美国市场产品具有相似性且欧盟发达国家与美国均处于全球价值链（GVC）高端的位置，其市场结构和产品特点具有较强的相似性，且我国对欧美出口产品也具有高度一致性。（3）进一步研究发现，中美贸易摩擦同时显著降低了出口美国企业的出口总份额，说明对于总体出口贸易，贸易摩擦也具有明显的抑制效应，通过贸易转移也无法完全覆盖在美国市场上的出口减少，还会造成出口回流到国内市场。（4）在使用出口美国关税大幅增加重新衡量中美贸易摩擦后，上述结论依旧保持稳健。

其次，通过对中美贸易摩擦对企业固定资产投资影响的检验，本书发现：（1）当出口美国企业所在行业处于美国贸易救济事件诉讼期间时，企业会显著削减其资本支出水平。该结果说明，当企业面临贸易争端时，伴随着美国对我国企业制裁力度的加大以及我国贸易政策不确定性的增加，企业管理层更难判断未来的增长前景，投资会更为谨慎，表现为缩减其投资规模。但中美贸易摩擦对企业投资的抑制作用并不是长期效应，在3年内会逐渐发生反转，说明企业考虑到正常经营发展不会长期削减其资本支出。（2）经过一系列稳健性检验，如利用出口美国关税的大幅变动衡量贸易摩擦，发现当出口美国关税大幅增加及关税不确定性较高时，受中美贸易摩擦影响的出口美国企业资本支出水平显著降低；通过改变企业投资的衡量方式、剔除裁定结果为否定性反倾销与反补贴案件、PSM解决内生性、赫克曼两阶段法处理样本自选择问题等方法后，本书研究结果均保持不变。（3）进一步分析中本书通过融资约束与实物期权两个角度进行作用机制分析，研究结果发现，中美贸易摩擦对企业投资水平的抑制效应主要在融资约束较强、资产可逆性较低、行业竞争程度较低以及风险承担水平较低时更加显著。（4）中美贸易摩擦降低了企业整体投资水平，却提高了企业整体投资效率。将非效率投资分为投资不足和过度投资分别检验时，发现显著降低了过度投资，对投资不足的影响并不显著。该结论说明在中美贸易摩擦时，企业通过减少过度投资缩减了投资规模，但提升了整体投资效率，说明该投资策略的调整是一种有效的调整策略。（5）该影响并不是长期影响，在未来3年内会逐渐发生反转。

最后，通过对中美贸易摩擦与创新投资的检验，本书发现：（1）当出口美国企业处于中美贸易摩擦期间时，其R&D投入和申请专利总数均显著增加，将专利类型进一步分为发明型专利、实用型专利和外观型专利，发现这三类专利的数量均增加了。说明我国受影响企业的危机意识强烈，为了摆脱困境，创新活动可能成为企业在不确定条件下韬光养晦的恰当选择，通过抢先研发来培育企业核心竞争力。（2）为保证结论有效性，我们进行了一系列稳健性检验，包括重新使用出口美国关税大幅变动衡量贸易摩擦、改变创新衡量方式、通过PSM解决内生性、赫克曼两阶段法解决样本自选择问题、使用清洁样本等方法重新进行回归，结论依然保持稳健。（3）在进一步分析中，我们发现中美贸易摩擦对企业创新的"倒逼效应"在企业受到贸易摩擦打击越大、自救意识越强烈时越显著，具体表现为当企业出口美国份额越高、倾销幅度越大、出口多样化越小时，该效应越显著；以及在企业异质性特征不同时影响不同，当企业融资约束程度越弱、属于高科技企业以及收到政府补贴越多时，该效应越显著。（4）中美贸易摩擦不仅提高了企业创新数量，同时增加了专利申请多样化程度，说明同时提高了企业创新质量。（5）本书进一步考察了中美贸易摩擦对企业创新的长期影响，与固定资产投资不同，本章发现中美贸易摩擦持续增加了企业未来3期的创新投入，说明对创新的"倒逼效应"是长期影响。以上结果说明面对美国对中国发起的贸易救济诉讼，上市公司以提高研发投入、加大创新产出予以坚决应对，企业在逆境中求生存，自强不息的企业精神表现得淋漓尽致。

二、政策建议

基于上述结论，从政府监管部门来讲，本书有以下政策建议：

第一，行业协会在贸易救济案件应诉方面应提供相应的帮助和指导。

在贸易救济案件应诉时，被诉企业需要进行答辩表明其出口产品不存在倾销行为，并没有对进口国相关行业产品造成实质性损害。此时，需要大量进口国相关行业信息，单个或几个企业很难做充分的准备，但是应诉是否成功则关乎整个行业的发展前景。因此，行业协会应帮助被诉企业进行信息获取、资料收集或提供费用支持，以增加应诉成功率。

第二，我国应继续倡导贸易自由化，这是打破与他国贸易壁垒、减少贸易摩擦的有效手段。除美国外，还应加强与亚洲、欧洲、美洲、非洲等地区的战略合作，为我国企业实现出口市场多元化提供充分便利条件，在遇到贸易摩擦时，企业能够以较低的转换成本进入其他替代市场。扩大与其他国家的贸易合作同时可以使企业减少开拓新市场的成本，增加出口目的地多元性，逐渐减少对某一国家和某一市场的依赖。

第三，贸易经济政策不确定性会对企业投资决策产生影响，政府应保持对相关贸易政策的及时发布与披露，要做到信息及时与透明，披露质量较高，并要增强其公信度，从源头上减少贸易政策带来的不确定性，为企业创造和维持一个良好的投资环境。

第四，为了增强中国企业自主创新能力，政府应继续鼓励企业在海外出口的同时进行出口优化机制创新和改革。并要找准我国与出口目的国在全球价值链中的定位，依据各国要素禀赋、产业竞争力的不同，做到"因国施策"，使我国企业有更多机会在与海外客户贸易交流中获得创新激励，同时增强我国企业自主创新能力。

第五，政府应在国家政策与法律环境上加强对出口企业尤其是民营出口企业的扶持与帮助，持续优化营商环境。目前，从中央到地方已出台了一系列优化营商环境的政策文件，在此基础上依旧要坚持从公共服务建设、市场监管、创新环境改革、司法效率等方面为我国企业营造法治化、国际化、便利化的营商环境，进而营造公平公正的国际竞争环境。

从企业自身角度来讲，本书有以下政策建议：

第一，在贸易环境不确定性较高时，对于企业不同类型的投资活动会有着不同影响，企业在调整其投资决策时要针对不同类型投资活动进行不同的投资安排与合理的权衡，使企业以较低的成本平稳度过贸易危机，并在此期间"养精蓄锐"，开发更具竞争力的技术和产品重新抢占市场，维持甚至增加企业利润。

第二，激烈的贸易竞争虽然可能对我国出口贸易带来一系列打击，但却会迫使国内企业作出应激性的贸易策略转变，倒逼中国企业加大自主创新投入力度。因此在贸易竞争中，我国企业要正视自己在全球价值链所处地位，韬光养晦，借助贸易竞争对创新的倒逼作用，注重企业自主创新能力的培养和发展，逐渐摆脱对发达国家技术的依赖。

第二节　研究局限与未来研究展望

一、研究局限

本书依旧存在一定的不足，在数据代表性、关键变量的衡量等方面依旧存在研究局限，具体来讲主要体现在：

第一，本书研究对象主要为上市公司，数据代表性可能有一定局限性。本书之所以选取上市公司作为研究对象是因为：一是多数上市公司是我国各行业龙头企业的代表，同时也是技术创新的主力；二是上市公司作为公众公司具备完善的信息披露体系，可以获得研究的各项指标，如创新数据、公司各项特征数据等。本书统计发现，有近60%的上市公司有出口业务，其中又有近70%的企业有出口美国业务，因此认为以上市公司为研究对象具有一定代表性且可以进行细致研究。但不得不承认，上市公司出口份额在我国总出口额中的占比很小，说明我国出口企业主要以非上市公司为主，因此本书无法捕捉到贸易摩擦对于我国所有出口企业是否具有相同的影响，可能存在样本选择性偏差。

第二，关于中美贸易摩擦的衡量，无论是使用贸易救济案件数据还是关税变动数据，本书均以企业所在行业遭遇贸易摩擦则认为该企业就面临贸易摩擦，但这种衡量方法还是有些粗糙。若可以直接筛选出被诉讼的具体企业或根据出口的具体产品来进行衡量，可能会更加准确。

第三，本书只针对中美之间的贸易摩擦进行了研究，但目前国际贸易格局非常复杂，并不是非常乐观，包括欧盟、印度等国家和地区均对我国发起较多贸易救济案件诉讼，在未来的研究中我们可以探讨更多不同国家和地区对我国进行的贸易制裁对企业造成的微观经济后果是否一致。

二、未来研究展望

第一，对于贸易摩擦的衡量方式，可以对每一起贸易救济案件中所具体提及的被诉讼商品代码以及被诉讼企业名称进行整理，精准定位哪个企业受到了贸易制裁而不是粗略通过行业来进行判定；或通过文本分析方法提取年报中披露的有关贸易摩擦信息的数据。总之，未来还可以用更细节的贸易摩擦数据进行更加细致深入的研究。

第二，不仅可以探讨中美贸易摩擦对企业造成的经济后果，考虑到每个国家政治制度、经济发展程度、贸易政策的不同，还可以把该问题纳入整个贸易格局中去进行比较，整理中国所遭受的来自所有国家的贸易摩擦数据，区分不同国家和地区，检验不同国家和地区与我国的贸易摩擦对企业经济后果的影响是否有所不同。

第三，讨论更多其他方面的贸易摩擦在微观企业层面的经济后果及应对策略。除了企业投资外，还有企业面对贸易摩擦会采取什么样的信息披露策略，是否会对资本市场信息中介如分析师和审计师的行为造成影响，贸易摩擦对企业带来的经济后果是否会对其他利益相关者如供应链上下游企业或对同行业企业产生传染效应等问题，均可以是未来对该话题继续探讨的方向。

第四，同时考虑我国对其他国家进行贸易制裁的研究。在面对贸易摩擦时，我国也采取了一些相对应的措施进行反击，也会对其他国家进行贸易诉讼或加征关税等贸易制裁，未来的研究中可以不止单向考虑我国出口贸易，还可以将进口贸易同时纳入整个体系，在一个进出口动态平衡的状态下继续探讨贸易摩擦对微观企业的影响。

参 考 文 献

［1］鲍晓华：《反倾销措施的贸易救济效果评估》，载于《经济研究》2007 年第 2 期。

［2］曹春方：《政治权力转移与公司投资：中国的逻辑》，载于《管理世界》2013 年第 1 期。

［3］岑丽君：《中国在全球生产网络中的分工与贸易地位——基于 Ti-VA 数据与 GVC 指数的研究》，载于《国际贸易问题》2015 年第 1 期。

［4］崔连标、朱磊、宋马林、郑海涛：《中美贸易摩擦的国际经济影响评估》，载于《财经研究》2018 年第 44 期。

［5］崔连标、翁世梅、莫建雷、宋马林、夏炎：《国际禁运联盟、供应链中断风险与我国宏观经济易损性——以芯片为例》，载于《财经研究》2022 年第 12 期。

［6］崔日明、李兵、赵勇：《中美贸易摩擦转向升级与对策研究》，载于《国际经贸探索》2007 年第 3 期。

［7］陈维涛、严伟涛、庄尚文：《进口贸易自由化、企业创新与全要素生产率》，载于《世界经济研究》2018 年第 8 期。

［8］陈旭、邱斌、刘修岩：《空间集聚与企业出口：基于中国工业企业数据的经验研究》，载于《世界经济》2016 年第 8 期。

［9］戴觅、茅锐：《外需冲击、企业出口与内销：金融危机时期的经验证据》，载于《世界经济》2015 年第 1 期。

［10］丁涛、胡汉辉：《创新驱动经济高质量发展分析—以中美贸易战为背景》，载于《技术经济与管理研究》2019 年第 12 期。

［11］杜威剑、李梦洁：《反倾销对多产品企业出口绩效的影响》，载

于《世界经济研究》2018 年第 9 期。

[12] 范家瑛、万华林：《贸易摩擦是否促进了企业数字化转型？来自中国制造业上市公司的微观证据》，载于《世界经济研究》2024 年第 3 期。

[13] 房超、俞小燕：《出口退税能否对冲贸易摩擦负面影响》，载于《国际贸易问题》2024 年第 6 期。

[14] 方意、文佳、荆中博：《中美贸易摩擦对中国金融市场的溢出效应研究》，载于《财贸经济》2019 年第 6 期。

[15] 冯宗宪、向洪金：《欧美对华反倾销措施的贸易效应：理论与经验研究》，载于《世界经济》2010 年第 3 期。

[16] 顾夏铭、陈勇民、潘士远：《经济政策不确定性与创新——基于我国上市公司的实证分析》，载于《经济研究》2018 年第 2 期。

[17] 郭华、王程、李后建：《政策不确定性、银行授信与企业研发投入》，载于《宏观经济研究》2016 年第 2 期。

[18] 郝威亚、魏玮、温军：《经济政策不确定性如何影响企业创新？——实物期权理论作用机制的视角》，载于《经济管理》2016 年第 10 期。

[19] 黄鹏、汪建新、孟雪：《经济全球化再平衡与中美贸易摩擦》，载于《中国工业经济》2018 年第 10 期。

[20] 黄礼健：《中美贸易战升级的原因、影响及趋势分析》，载于《新金融》2018 年第 9 期。

[21] 胡麦秀、严明义：《反倾销保护引致的市场转移效应分析——基于中国彩电出口的实证分析》，载于《国际贸易问题》2005 年第 10 期。

[22] 蒋为、孙浦阳：《美国对华反倾销、企业异质性与出口绩效》，载于《数量经济技术经济研究》2016 年第 7 期。

[23] 黎文靖、郑曼妮：《实质性创新还是策略性创新？——宏观产业政策对微观企业创新的影响》，载于《经济研究》2016 年第 4 期。

[24] 林钟高、郑军、卜继栓：《环境不确定性、多元化经营与资本成本》，载于《会计研究》2015 年第 2 期。

[25] 李兵、岳云嵩、陈婷：《出口与企业自主技术创新：来自企业专利数据的经验研究》，载于《世界经济》2016 年第 12 期。

[26] 李春顶：《中国对外反倾销措施的产业救济效果研究（1997 - 2007）》，载于《南方经济》2011 年第 5 期。

[27] 李凤羽、杨墨竹：《经济政策不确定性会抑制企业投资吗？——基于中国经济政策不确定指数的实证研究》，载于《金融研究》2015 年第 4 期。

[28] 李双杰、李众宜、张鹏杨：《对华反倾销如何影响中国企业创新》，载于《世界经济研究》2020 年第 2 期。

[29] 李敬子，刘月：《贸易政策不确定性与研发投资：来自中国企业的经验证据》，载于《产业经济研究》2019 年第 6 期。

[30] 刘斌、李秋静：《美国对华出口管制和中国企业创新》，载于《财经研究》2023 年第 12 期。

[31] 刘康兵、申朴、Elmer Sterken：《融资约束、不确定性与公司投资：基于制造业上市公司面板数据的证据》，载于《南开经济研究》2011 年第 4 期。

[32] 刘志彪：《"一带一路"倡议下全球价值链重构与中国制造业振兴》，载于《中国工业经济》2017 年第 6 期。

[33] 刘建江：《特朗普政府发动对华贸易战的三维成因》，载于《武汉大学学报》2018 年第 5 期。

[34] 刘慧龙、吴联生、王亚平：《国有企业改制、董事会独立性与投资效率》，载于《金融研究》2012 年第 9 期。

[35] 林毅夫：《美国巨额贸易逆差根源在美国》，载于《中华工商时报》2018 年。

[36] 林毅夫：《中国的新时代与中美贸易争端》，载于《武汉大学学报》2019 年第 72 期。

[37] 吕越、娄承蓉、杜映昕、屠新泉：《基于中美双方征税清单的贸易摩擦影响效应分析》，载于《财经研究》2019 年第 45 期。

[38] 靳光辉、刘志远、花贵如：《政策不确定性与企业投资——基于

战略性新兴产业的实证研究》，载于《管理评论》2016 年第 9 期。

[39] 黎文靖、李耀淘：《产业政策激励了公司投资吗》，载于《中国工业经济》2014 年第 5 期。

[40] 孟庆斌、师倩：《宏观经济政策不确定性对企业研发的影响：理论与经验研究》，载于《世界经济》2017 年第 9 期。

[41] 吕越、马嘉林、田琳：《中美贸易摩擦对全球价值链重构的影响及中国方案》，载于《国际贸易》2019 年第 8 期。

[42] 倪红福、龚六堂、陈湘杰：《全球价值链中的关税成本效应分析——兼论中美贸易摩擦的价格效应和福利效应》，载于《数量经济技术经济研究》2018 年第 8 期。

[43] 潘红波、陈世来：《〈劳动合同法〉、企业投资与经济增长》，载于《经济研究》2017 年第 52 期。

[44] 饶品贵、岳衡、姜国华：《经济政策不确定性与企业投资行为研究》，载于《世界经济》2017 年第 2 期。

[45] 申慧慧、于鹏、吴联生：《国有股权、环境不确定性与投资效率》，载于《经济研究》，2012 年第 7 期。

[46] 申明浩、谢观霞：《粤港澳大湾区战略的创新激励效应研究——基于双重差分法得检验》，载于《国际经贸探索》2020 年第 12 期。

[47] 沈国兵：《美国对中国反倾销的贸易效应：基于木制卧室家具的实证分析》，载于《管理世界》2008 年第 4 期。

[48] 沈国兵：《显性比较优势与美国对中国产品反倾销的贸易效应》，载于《世界经济》2012 年第 12 期。

[49] 盛斌、毛其淋：《进口贸易自由化是否影响了中国制造业出口技术复杂度》，载于《世界经济》2017 年第 12 期。

[50] 苏丹妮、盛斌、邵朝对、陈帅：《全球价值链、本地化产业集聚与企业生产率的互动效应》，载于《经济研究》2020 年第 3 期。

[51] 沈昊旻、程小可、宛晴：《对华反倾销抑制了企业创新行为吗?》，载于《财贸经济》2021 年第 4 期。

[52] 谭小芬、张文婧：《经济政策不确定性影响企业投资的渠道分

析》，载于《世界经济》2017 年第 12 期。

[53] 佟家栋、李胜旗：《贸易政策不确定性对出口企业产品创新的影响研究》，载于《国际贸易问题》2015 年第 6 期。

[54] 汪丽、茅宁、龙静：《管理者决策偏好、环境不确定性与创新强度——基于中国企业的实证研究》，载于《科学学研究》2012 年第 7 期。

[55] 王凯、武立东：《环境不确定性与企业创新——企业集团的缓冲作用》，载于《科技管理研究》2016 年第 10 期。

[56] 王孝松、谢申祥：《中国究竟为何遭遇反倾销——基于跨国跨行业数据的经验分析》，载于《管理世界》2009 年第 12 期。

[57] 王孝松、施炳展、谢申祥、赵春明：《贸易壁垒如何影响了中国的出口边际？——以反倾销为例的经验研究》，载于《经济研究》2014 年第 11 期。

[58] 王雅琦、卢冰：《汇率变动、融资约束与出口企业研发》，载于《世界经济》2018 年第 7 期。

[59] 魏明海、刘秀梅：《贸易环境不确定性与企业创新——来自中国上市公司得经验证据》，载于《南开管理评论》2021 年第 5 期。

[60] 项松林、马卫红：《出口企业具有学习效应吗？——基于中国企业微观数据的经验分析》，载于《世界经济研究》2013 年第 10 期。

[61] 王义中、宋敏：《宏观经济不确定性、资金需求与公司投资》，载于《经济研究》2014 年第 2 期。

[62] 巫强、马野青、姚志敏：《美国反倾销立案调查对我国上市公司影响的决定因素分析》，载于《国际贸易问题》2015 年第 3 期。

[63] 徐业坤、钱先航、李维安：《政治不确定性、政治关联与民营企业投资——来自市委书记更替的证据》，载于《管理世界》2013 年第 5 期。

[64] 谢申祥、张铭心、黄保亮：《反倾销壁垒对我国出口企业生产率的影响》，载于《数量经济技术经济研究》2017 年第 2 期。

[65] 许培源、高伟生：《国际贸易对中国技术创新能力的溢出效应》，载于《财经研究》2009 年第 9 期。

[66] 谢建国：《经济影响，政治分歧与制度摩擦——美国对华贸易反

倾销实证研究》，载于《管理世界》2006 年第 12 期。

[67] 谢志刚：《奥地利学派经济学的不确定性认知观》，载于《学术研究》2014 年第 12 期。

[68] 夏胤磊：《中美贸易摩擦及对策研究——来自日美贸易战的启示》，载于《国际商务财会》2018 年第 4 期。

[69] 解维敏、唐清泉、陆珊珊：《政府 R&D 资助，企业 R&D 支出与自主创新——来自中国上市公司的经验证据》，载于《金融研究》2009 年第 6 期。

[70] 徐保昌、邱涤非、杨喆：《进口关税、企业创新投入与创新绩效——来自中国制造业的证据》，载于《世界经济与政治论坛》2018 年第 5 期。

[71] 辛清泉、郑国坚、杨德明：《企业集团、政府控制与投资效率》，载于《金融研究》2007 年第 10 期。

[72] 杨飞、孙文远、程瑶：《技术赶超是否引发中美贸易摩擦》，载于《中国工业经济》2018 年第 10 期。

[73] 杨华军、胡奕明：《制度环境与自由现金流的过度投资》，载于《管理世界》2007 年第 9 期。

[74] 杨圣明、王茜：《马克思世界市场理论及其现实意义—兼论"逆全球化"思潮的谬误》，载于《经济研究》2018 年第 6 期。

[75] 杨兴全、张照南、吴昊旻：《治理环境、超额持有现金与过度投资——基于我国上市公司面板数据的分析》，载于《南开管理评论》2010 年第 5 期。

[76] 杨洋、魏江、罗来军：《谁在利用政府补贴进行创新？——所有制和要素市场扭曲得联合调节效应》，载于《管理世界》2015 年第 1 期。

[77] 姚颐、凌玥、李岩琼：《国际贸易诉讼、研发投入与企业创新》，载于《南开管理评论》2023 年第 5 期。

[78] 于淼杰、田巍、郑纯如：《中美贸易摩擦的中方反制关税作用研究》，载于《经济学（季刊）》2022 年第 6 期。

[79] 余振、周冰惠、谢旭斌、王梓楠：《参与全球价值链重构与中美

贸易摩擦》，载于《中国工业经济》2018 年第 7 期。

［80］余永定：《对中美贸易战的几点看法》，载于《清华金融评论》2018 年第 7 期。

［81］周灏：《中国在世界反倾销中角色地位变化的社会网络分析》，载于《国际贸易问题》2015 年第 1 期。

［82］张杰、郑文平：《全球价值链下中国本土企业的创新效应》，载于《经济研究》2017 年第 3 期。

［83］张杰、郑文平、陈志远：《进口与企业生产率——中国的经验证据》，载于《经济学（季刊）》2015 年第 4 期。

［84］张敏、童丽静、许浩然：《社会网络与企业风险承担——基于我国上市公司的经验证据》，载于《管理世界》2015 年第 11 期。

［85］张幼文：《中美贸易战：不是市场竞争而是战略竞争》，载于《南开学报》2018 年第 3 期。

［86］郑丹青、于津平：《增加值贸易视角下双边贸易利益再分解——以中美贸易为例》，载于《世界经济研究》2016 年第 5 期。

［87］张红霞：《对外贸易差异影响我国区域经济协调发展研究》，人民出版社 2018 年版。

［88］张永：《美国反倾销申诉的贸易转移效应分析》，载于《国际经贸探索》2013 年第 4 期。

［89］周冬华、彭剑飞、赵玉杰：《中美贸易摩擦与企业创新》，载于《国际贸易问题》2023 年第 11 期。

［90］周琳、李栋栋、王克敏：《中美贸易摩擦与公司文本信息撇清策略研究》，工作论文 2019 年。

［91］周定根、杨晶晶：《商业信用、质量信息传递与企业出口参与》，载于《管理世界》2016 年第 7 期。

［92］Acemoglu, D., D. Autor, D. Dorn, G. H. Hanson, and B. Price. Import Competition and the Great U. S. Employment Sag of the 2000s ［J］. *Journal of Labor Economics*, 2016, 34（S1）：S141 – S198.

［93］Aghion, P., A. Bergeaud, M. Lequien, and M. Melitz. The Impact of Exports on Innovation: Theory and Evidence [D]. 2017, Working Paper.

[94] Almeida, P. Knowledge Sourcing by Foreign Multinationals: Patent Citation Analysis in the U. S. Semiconductor Industry [J]. *Strategic Management Journal*, 1996, 17: 155 – 165.

[95] Aghion, P., N. Bloom, R. Blundell, R. Griffith, and P. Howitt. Competition and Innovation: An Inverted – U Relationship [J]. *Quarterly Journal of Economics*, 2005, 120 (2): 701 – 28.

[96] Amram M. and N. Kulatilaka. Disciplined Decisions: Aligning Strategy with the Financial Markets [J]. *Harvard Business Review*, January – February 1999.

[97] Atkeson, A. and A. T. Burstein. Innovation, Firm Dynamics, and International Trade [J]. *Journal of Political Economy*, 2010, 118 (3): 433 – 484.

[98] Atanassov J., B. Julio and T. Leng. The Bright Side of Political Uncertainty: the Case of R&D, 2015, Working Paper.

[99] Arrow K. J. The Economic Implications of Learning by Doing [J]. *The Review of Economic Studies*, 1962, 29 (3): 155 – 173.

[100] Arellano C., Y. Bai, and P. Kehoe. Financial markets and Fluctuations in Uncertainty [D]. Federal Reserve Bank of Minneapolis Working Paper, 2010.

[101] Autor, D. H., D. Dorn, and G. H. Hanson. The China Syndrome: Local Labor Market Effects of Import Competition in the United States [J]. *American Economic Review*, 2013, 103 (6): 2121 – 68.

[102] Autor, D. H., D. Dorn, G. H. Hanson, G. Pisano and P. Shu. Foreign Competition and Domestic Innovation: Evidence from U. S. Patents. 2017, Working Paper.

[103] Aw, B. Y., M. J. Robert and T. Winston. Export Market Participation, Investments in R&D and Worker Training, and the Evolution of Firm Productivity [J]. *The World Economy*, 2007, 30 (1): 83 – 104.

［104］ Baker, S. R. , N. Bloom, and S. J. David. Measuring Economic Policy Uncertainty ［J］. *The Quarterly Journal of Economics*, 2016, 131: 1593 – 1636.

［105］ Belderbos, R. *Japanese Electronics Multinationals and Strategic Trade Policies* ［M］. Oxford: Clarendon Press, 1998.

［106］ Bernanke, B. S. Irreversibility, Uncertainty, and Cyclical Investment ［J］. *The Quarterly Journal of Economics*, 1983, 98 (1): 85 – 106.

［107］ Bernard, A. B. , J. B. Jensen, and P. K. Schott. Survival of the Best Fit: Exposure to Low – Wage Countries and the (Uneven) Growth of U. S. Manufacturing Plants ［J］. *Journal of International Economics*, 2006, 68 (1): 219 – 237.

［108］ Besede, T. , T. J. Prusa. Antidumping and the Death of Trade, National Bureau of Economic Research Working Paper, 2013.

［109］ Blonigen, B. A. and S. E. Haynes. Antidumping Investigations and the Pass-through of Exchange Rates and Antidumping Duties ［J］. *American Economic Review*, 2002, 92 (4): 1044 – 1061.

［110］ Bloom, N. , P. M. Romer and S. J. Terry. A Trapped – Factors Model of Innovation ［J］. *American Economic Review*, 2013, 103 (3): 208 – 213.

［111］ Bloom, N. , M. Draca, and J. V. Reenen. Trade Induced Technical Change? The Impact of Chinese Imports on Innovation, IT and Productivity ［J］. *Review of Economics Studies*, 2016, 83: 87 – 117.

［112］ Bloom, N. and Nick. Uncertainty and the dynamics of R&D ［J］. *American Economic Review*, 2007, 97 (2), 250 – 255.

［113］ Brander, J. A. , and J. S. Barbara. Export Subsidies and International Market Share Rivalry ［J］. *Journal of International Economics*, 1985, 18: 83 – 100.

［114］ Bloom, N. , M. Draca, and J. V. Reenen. Trade Induced Technical Change? The Impact of Chinese Imports on Innovation, IT and Productivity ［J］. *Review of Economics Studies*, 2016, 83: 87 – 117.

［115］ Bown C. P. and M. A. Crowley. Emerging Economies, Trade Policy, and Macroeconomic Shocks ［J］. *Journal of Development Economics.* 2014, 111: 261 –273.

［116］ Bown C. P. and M. A. Crowley. Trade Deflection and Trade Depression ［J］. *Journal of International Economics*, 2007, 72 (1): 176 –201.

［117］ Brandt, L., and H. Li. Bank Discrimination in Transition Economies: Ideology, Information or Incentives? ［J］. *Journal of Comparative Economics*, 2003, 31, 387 –413.

［118］ Brogaard, J., and A. Detzel. The Asset-pricing Implications of Government Economic Policy Uncertainty ［J］. *Management Science*, 2015, 61 (1): 3 –18.

［119］ Bronton, P. Anti-dumping Policies in the EU and Trade Diversion ［J］. *European Journal of Political Economy*, 17 (3): 593 –607.

［120］ Brown, S. V., G. Ma, J. W. Tucker. A Measure of Financial Statement Similarity ［D］. Working Paper.

［121］ Bustos, P. Trade Liberalization, Exports, and Technology Upgrading: Evidence On the Impact of MERCOSUR On Argentinian Firms ［J］. *American Economic Review*, 2011, 101 (1): 304 –340.

［122］ Campello, M., J. R. Graham, and C. R. Harvey. The Real Effects of Financial Constraints: Evidence from a Financial Crisis ［J］. *Journal of Financial Economics*, 2010, 97: 470 –487.

［123］ Carvalho M., A. Azevedo and A. Massuquetti, Emerging Countries and the Effects of the Trade War between US and China ［D］. Working Paper, 2019.

［124］ Chandra, P., and C. Long. Anti-dumping Duties and Their Impact on Exporters: Firm Level Evidence from China ［J］. *World Development*, 2013, 51: 169 –186.

［125］ Chen, F., O. K. Hope, Q. Li,, and X. Wang. Flight to Quality in International Markets: Investors' Demand for Financial Reporting Quality during

Political Uncertainty Events [J]. *Contemporary Accounting Research*, 2018, 35 (1): 117 – 155.

[126] Chen Y. F. and M. Funke. Option Value, Policy Uncertainty, and the Foreign Direct Investment Decision [D]. HWWA Discussion Paper, 2003.

[127] Ciftci, M., and W. M. Cready. Scale Effects of R&D as Reflected in Earnings and Returns [J]. *Journal of Accounting and Economics*, 2011, 52 (1): 62 – 80.

[128] Clerides S. K, S. Lach, and J. R. Tybout. Is learning by exporting important? Micro-dynamic Evidence from Colombia, Mexico, and Morocco [J]. *Quarterly Journal of Economics*, 1998, 113 (3): 903 – 947.

[129] Coe, D. T. and E. Helpman. International R&D Spillovers [J]. *European Economic Review*, 1995, 39: 859 – 887.

[130] Cong, L. W., and S. T. Howell. Policy Uncertainty and Innovation: Evidence from Initial Public Offering Interventions in China [J]. *Management Science*, 2021, Forthcoming.

[131] Crowley, M. A., Meng, N. and Song, H. Policy Shocks and Stock Market Returns: Evidence from Chinese Solar Panels [J]. *Journal of the Japanese and International Economies*, 2019, 51: 148 – 169.

[132] Dai, M. and M. Yu. Firm R&D, Absorptive Capacity and Learning by Exporting: Firm – level Evidence from China [J]. *The World Economy*, 2013, 36 (9): 1131 – 1145.

[133] Dasgupta, P. and J. Stiglitz. Industrial Structure and the Nature of Innovative Activity [J]. *Economic Journal*, 1980, 90 (358): 266 – 293.

[134] David H., D. Dorn, and G. H. Hanson. The China Syndrome: Local Labor Market Effects of Import Competition in the United States [J]. *American Economic Review*, 2013, 6: 2121 – 2168.

[135] De L. J. Do Exports Generate Higher Productivity? Evidence from Slovenia [J]. *Journal of International Economics*, 2007, 73 (1): 69 – 98.

[136] Dixit, A. K, and R. S. Pindyck. *Investment and Uncertainty* [M].

Princeton University Press, 1994.

[137] Djankov, S., R. L. Porta, F. L. D. Silanes, and A. Shleifer. The Regulation of Entry [J]. *The Quarterly Journal of Economics*, 2002, 117 (1): 1 −37.

[138] Dong Y. and J. C. Whalley. Carbon, Trade Policy, and Carbon Free Trade Areas [D]. Working Paper, 2008.

[139] Durnev, A. The Real Effects of Political Uncertainty: Elections and Investment Sensitivity to Stock Prices [D]. University of Iowa Working Paper, 2012.

[140] Fritsch, U. and H. Gorg. Outsourcing, Importing and Innovation: Evidence from Firm − Level Data for Emerging Economies [J]. *Review of International Economics*, 2015, 23 (4): 687 −714.

[141] Giuliani, E., C. Pietrobelli, and R. Rabellotti. Upgrading in Global Value Chains: Lessons from Latin American Clusters [J]. *World Development*, 2005, 33 (4): 549 −573.

[142] Gomory, R. E. and W. J. Baumol. *Global Trade and Conflicting National Interests* [M]. MIT Press, 2000.

[143] Gorodnichenko Y., J. Svejnar and K. Terrell. Globalization and Innovation in Emerging Markets [J]. *American Economic Journal: Macroeconomics*, 2010, 2: 194 −226.

[144] Gong K. and R. Xu. Does Import Competition Induce R&D Reallocation? Evidence from the U. S. [M]. Working Paper, 2017.

[145] Grossman, G. M., and E. Helpman. Trade, Innovation, and Growth [J]. *American Economic Review*, 1990, 80 (2): 86 −91.

[146] Groenewold, N. and L. He. The US − China Trade Imbalance: Will Revaluing the RMB Help much? [J]. *Economic Letters*, 2007, 96: 127 −132.

[147] Griffin D., K. Li, H. Yue and L. Zhao. How Does Culture Influence Corporate Risk − Taking? [J]. *Journal of Corporate Finance*, 2012, 23: 1 −22.

［148］Guan, J. and N. Ma. Innovative Capability and Export Performance of Chinese Firms ［J］. *Technovation*, 2003, 23 (9): 737 –747.

［149］Gulen, H. and M. Ion. Policy Uncertainty and Corporate Investment ［J］. *Review of Financial Studies*, 2016, 29 (3): 523 –564.

［150］Gulen, H. and M. Ion. Policy uncertainty and corporate investment ［J］. *Review of Financial Studies*, 2016, 29 (3), 523 –564.

［151］Hall, B. H. , and J. Lerner. The Financing of R & D and Innovation ［D］. Working Paper, 2010.

［152］Hadlock, C. J. and J. R. Pierce. New Evidence on Measuring Financial Constraints: Moving Beyond the KZ Index ［J］. *Review of Financial Studies*, 2010, 23 (5): 1909 –1940.

［153］Hall, B. , H. P. , Moncada – Paternò – Castello, S. Montresor, and A. Vezzani. Financing Constraints, R&D Investments and Innovative Performances: New Empirical Evidence at the Firm Level for Europe ［J］. *Economics of Innovation and New Technology*, 2016, 25 (3): 183 –196.

［154］Hartman, R. The Effects of Price and Cost Uncertainty on Investment ［J］. *Journal of Economic Theory*, 1972, 5 (2): 258 –266.

［155］Hombert, J. and A. Matray. Can Innovation Help U. S. Manufacturing Firms Escape Import Competition from China? ［J］. *Journal of Finance*, 2018, 5: 2003 –2039.

［156］Holmstrom, B. Agency Costs and Innovation ［J］. *Journal of Economic Behavior and Organization*, 1989, 12 (3): 305 –327.

［157］Hsu, P. H. , X. Tian, and Y. Xu. Financial Development and Innovation: Cross – Country Evidence ［J］. *Journal of Financial Economics*, 2014, 112 (1): 116 –135.

［158］Huang, T. , F. Wu, J. Yu and B. Zhang. Political Uncertainty and Dividend Policy: Evidence from International Political Crises ［J］. *Journal of International Business Studies*, 2015, 46 (5): 574 –595.

［159］Huang Y. , R. Jennings and Y. Yu. Product Market Competition and

Managerial Disclosure of Earnings Forecasts: Evidence from Import Tariff Rate Reductions [J]. *The Accounting Review*, 2017, 92 (3): 185 – 207.

[160] Humphrey, J. and H. Schmitz. How Does Insertion in Global Value Chains Affect Upgrading in Industrial Clusters [J]. *Regional Studies*, 2002, 36 (9): 1017 – 1027.

[161] Jensen M. Agency Costs of Free Cash Flow, Corporate Finance, and Takeovers [J]. *The American Economic Review*, 1986, 76 (2): 323 – 329.

[162] Jones, D. A. Voluntary Disclosure in R&D – Intensive Industries [J]. *Contemporary Accounting Research*, 2007, 24 (2): 489 – 522.

[163] Julio, B. and Y. Yook. Political Uncertainty and Corporate Investment Cycles [J]. *The Journal of Finance*, 2012, 67 (1): 45 – 83.

[164] Konings, J. , H. Vandenbussche, and L. Springael. Import Diversion under European Antidumping Policy [J]. *Journal of Industry, Competition and Trade*, 2001, 3 (1): 283 – 299.

[165] Krugman P. Increasing Returns, Monopolistic Competition and International Trade [J]. *Journal of International Economics*, 1979, 4: 469 – 479.

[166] Lasagni, A. Does Country-targeted Antidumping Policy by the EU Create Trade Diversion? [J]. *Journal of World Trade*, 2000, 34 (4): 749 – 762.

[167] Lichtenberg, F. , and H. Tan, An Industry – level Analysis of Import Relief Petitions Filed by US Manufacturers, 1958 – 1985 [M]. St. Martin's Press, New York, 1990.

[168] Li, C. , and J. Whalley. Chinese Firm and Industry Reactions to Antidumping Initiations and Measures [D]. Working Paper, 2010.

[169] Li, D. , F. Shi, , and K. Wang. China – US Trade Dispute Investigations and Corporate Earnings Management Strategy [J]. *China Journal of Accounting Research*, 2020, 13 (4): 1 – 21.

[170] Li, C. , C. He and C. Lin. Economic Impacts of the Possible Chi-

na – US Trade War [J]. *Emerging Markets Finance and Trade*, 2018, 54 (7): 1557 – 1577.

[171] Lie, E. , and K. D. Yang. Import Penetration and Executive Compensation [D]. Working Paper, 2018.

[172] Lileeva, A. and D. Trefler. Improved Access to Foreign Markets Raise Plant – level Productivity for Some Plants [J]. *Quarterly Journal of Economics*, 2010, 125 (3): 1051 – 1099.

[173] Liu, Q. and Ma H. Trade Policy Uncertainty and Innovation: Firm – Level Evidence From China's Accession to the WTO [D]. Working Paper, 2016.

[174] López, R. A. and N. Yadav. Imports of Intermediate Inputs and Spillover Effects: Evidence from Chilean Plants [J]. *Journal of Development Studies*, 2010, 46 (8): 1385 – 1403.

[175] Lu Y. , Z. Tao, and Y. Zhang. How Exporters Respond to Anti-dumping Investigations? [J]. *Journal of International Economics*, 2013, 91 (2): 290 – 300.

[176] Marquez L. and J. Schindler. Exchange – Rate Effects on China's Trade [J]. *Review of International Economics*, 2007, 15 (5): 837 – 853.

[177] McDonald, R. and D. Siegel. The Value of Waiting on Invest [J]. *Quarterly Journal of Economics*, 1986, 101 (4): 707 – 708.

[178] Melitz, M. The Impact of Trade on Intra – Industry Reallocations and Aggregate Industry Productivity [J]. *Econometrica*, 2003, 71 (6): 1695 – 1725.

[179] Miller D. and P. H. Friesen. Innovation in Conservative and Entrepreneurial Firms: Two Models of Strategic Momentum [J]. *Strategic Management Journal*, 1982, 3 (1): 1 – 25.

[180] Modigliana, F. and M. Miller. The Cost of Capital, Corporation Finance and the Theory of Investment [J]. *American Economic Review*, 1958, 47: 261 – 267.

［181］ Nakano, M. and P. Nguyen. Board Size and Corporate Risk Taking: Futher Evidence from Japan ［J］. *Corporate Governance: An International Review*, 2012, 20 (4): 369 – 387.

［182］ Niels, G. *Trade Diversion and Destruction Effects of Antidumping Policy: Empirical Evidence from Mexico* ［M］. Mimeo OXERA and Erasmus University Rotterdam, 2003.

［183］ Oi, W. Y. The Desirability of Price Instability under Perfect Competition ［J］. *Econometrica*, 1961, 29 (1), 58 – 64.

［184］ Pierce, J. R., and P. K. Schott. The Surprisingly Swift Decline of U. S. Manufacturing Employment ［J］. *American Economic Review*, 2016, 106 (7): 1632 – 1662.

［185］ Prusa T. J. On the Spread and Impact of Anti-dumping ［J］. *Canadian Journal of Economics*, 2001, 34 (3): 591 – 611.

［186］ Park S. The Trade Depressing and Trade Diversion Effects of Anti-dumping Actions: The Aase of China ［J］. *China Economic Review*, 2009, 20 (3): 542 – 548.

［187］ Pandit, S., C. E. Wasley, and T. Zach. The Effect of Research and Development (R&D) Inputs and Outputs on the Relation between the Uncertainty of Future Operating Performance and R&D Expenditures ［J］. *Journal of Accounting, Auditing & Finance*, 2011, 121 – 144.

［188］ Qian, Y. A Theory of Shortage in Socialist Economies Based on the Soft Budget Constraint ［J］. *American Economic Review*, 1994, 84 (1): 145 – 156.

［189］ Richardson, S. Over-investment of Free-cash flow ［J］. *Review of Accounting Studies*, 2006, 91 (2): 159 – 189.

［190］ Romer, P. M. Increasing Returns and Long – Run Growth ［J］. *Journal of Political Economy*, 1986, 94 (5): 1002 – 1037.

［191］ Salomon, R. M., and J. M. Shaver. Learning by exporting: new insights from examining firm innovation ［J］. *Journal of Economics and Manage-*

ment Strategy, 2005, 14 (2): 431 – 460.

[192] Schmeiser, K. N. Learning to export: Export growth and the destination decision of firms [J]. *Journal of International Economics*, 2012, 87 (1): 89 – 97.

[193] Seker, M. Importing, Exporting, and Innovation in Developing Countries [J]. *Review of International Economics*, 2012, 20: 299 – 314.

[194] Stein, L. and E. Stone. The Effect of Uncertainty on Investment, Hiring and R&D: Causal Evidence from Equity Options [D]. Working Paper, 2013.

[195] Staiger, R. W. and F. A. Wolak. Measuring Industry Specific Protection: Antidumping in the United States, Brookings Papers on Economic Activity [J]. *Microeconomics*, 1994, 1: 51 – 118.

[196] Thoenig, M. and T. Verdier. A Theory of Defensive Skill – Biased Innovation and Globalization [J]. *American Economic Review*, 2003, 93 (3): 709 – 728.

[197] Taufikurahman, M. R. and A. H. Firdaus. The economic consequences and strategies of the US – China trade war on Indonesia: A GTAP simulation analysis, Advances in Economics [J]. *Business and Management Research*, 2019, 98: 102 – 107.

[198] Tsutsumi, M. The Economic Consequences of the 2018 US – China Trade Conflict: A CGE Simulation Analysis [D]. Working Paper, 2018.

[199] Tu, X, Y. Du, Y. Lu and C. Lou. US – China Trade War: Is Winter Coming for Global Trade? [J]. *Journal of Chinese Political Science*, 2020, 25 (2): 199 – 240.

[200] Yonce, A. T. Uncertain Growth Cycles, Corporate Investment and Dynamic Hedging [D]. Working Paper, 2010.

[201] Zhang, K. H. Industrial Policy and Technology Innovation under the US Trade War against China [J]. *The Chinese Economy*, 2020, 53 (5): 363 – 373.